時間とヴァーチャリティー

時間とヴァーチャリティー

ポール・ヴィリリオと現代のテクノロジー・身体・環境

本間邦雄

書肆心水

目次

時間とヴァーチャリティー

ポール・ヴィリリオと現代のテクノロジー・身体・環境

凡例

- フランス語引用文の《 》は、翻訳では原則として「 」、場合によって〈 〉で表示した。
- フランス語引用文の大文字（固有名詞以外）は、翻訳では原則として《 》でくくった。
- フランス語引用文のイタリック部分は、翻訳では原則として傍点を付した。
- フランス語の書名（イタリック）は、翻訳では『 』で示した。
- 新聞名、芸術作品名、映画作品名などは『 』で示した。
- 〔 〕でくくった部分は筆者の補足である。
- 注は、（1）、（2）……の数字で表わし、各章末に配した。

はじめに

二一世紀の前半という時代環境に日々を送っている私たちであるが、先行きはなかなか見通しがたく不透明というほかはない。ことにこの数年、ＡＩ（Artificial Intelligence 人工知能）の日進月歩が大きく報じられ、ロボットやヴァーチャル・リアリティー（ＶＲ）の機能拡張、実用化も進んでいると言われる。そしてビッグ・データを集積、活用する巨大ＩＴ企業ＧＡＦＡの動向に関するニュース、コンピュータ・ウイルスやデータ流出のインターネット犯罪などが、毎日のように紙面や報道番組を賑わしている。

私たちの日常において、特別な場合でなくても、なにかの風景や人物の写真を撮って送信するときは、そのプロセスで画像加工や送信操作を通じて遠隔通信をなしているのであり、リアルな知覚がヴァーチャル映像となって伝達される。そのさまが日常的な所作、ふるまい、たしなみとして現況（アクチュアリティー）となっていると言えるだろう。

こうして、地球の反対側のリアルタイムの映像、事象（遠隔現前）と、ごく近隣の事象、映像が、〃スライド変わり絵〃のように入れ替わる。遠隔地と近隣との距離的差異が事実上なくなり、現実のもろもろの知覚と各種画像のイメージが、知覚対象としてはフラットな面にほとんど隣り合わせになるような格好になっている。

そのうえ、外界の生《なま》の現実的知覚で済ませられるなら済まそうとしても、それだけではしばしば社会生活上、不十分なものとなっている。例えば、スマホなどモバイル機器のカメラ機能により、ヴァーチャルな文字・画像で映像画面を補強して、複合現実（MR）、拡張現実（AR）として構成するのが便利なケースはもちろん、その画像は未知な場所や人里離れた一帯などでは必須なケースも生じてくる。乗用車の自動運転の時代も間近とメディアで喧伝されている。人間社会において、ヴァーチャリティーなしではリアリティーが充分に構成されないような局面が各所で広がっていると言えるだろう。

〃ヴァーチャリティー〃に関しては、多義的なので、一応、以下のようにごく簡単に整理しておきたい。本書で論じるヴィリリオは、おもに①の意味で〃ヴァーチャル〃(virtuel)、〃ヴァーチャリティー〃(virtualité) を用いているが、②、③にも言及している。

① リアルタイムの事象の遠隔現前

②リアルタイムの現前画像に、情報・記号を付加した「複合現実」、MR（Mixed Reality）。あるいは「拡張現実」、AR（Augmented Reality）。画像に目的地の記号等を付加するケースから、現前の画像に〝ポケット・モンスター〟のような仮想現実を付与するケースまで。

③「ヴァーチャル・リアリティー（仮想現実）」、VR。ゴーグルを付けて、三次元のヴァーチャル空間に入る場合など。

④三次元画像が、現実空間に、立体的輪郭をともなって浮き出る。例えば、『ブレードランナー2049』（ドゥニ・ヴィルヌーヴ監督、二〇一七年）に登場する、AIシステムのホログラム「ジョイ」。少なくとも人間の三次元画像（視聴覚・相応の触覚）の電送はやがて可能になるだろう。

⑤また、ディズニーランドやユニバーサル・スタジオのように、ヴァーチャル・イメージの空間を全身で体感するために、現実の知覚のほうが疑似的であるような、ヴァーチャル空間の現実的な疑似体験を志向するケースもある。

このように今日のあらましのようなものを簡単に連ねてみたが、いわゆる情報化社会において、物事の重要性は必ずしも紙面上や報道上の用語や固有名詞の頻度で測られるものでないだろうし、検索の多寡にそのまま比例するものでもないだろう。このことは過去の一定期間の新聞の縮刷版などをざっと眺めれば、ある程度実感できる。もちろん、今はあまり目にとまらない事象に、見えない根茎の伸び広がるような展開もありうるだろう。つまり、推移は実感されるにしても、あれこれの現象が表層的か根幹的かはすぐには判然としてこないと考えるのが適切と思われる。

それでは、このような現状のようなものを、どのようにかは判然としないところも多々あるがともかく私たちの生活、身心のありかたに深くかかわる現況をどう見たらよいのか。いつの時代もそうなのだと言えばそれまでだが、現在には現在の特有の事情もあるだろう。それでは、私たちが今生きているこの時代は、ひとまずどのように見ておいたらよいのだろうか。少し立ち戻って考えてみよう。

この時代の大枠をかたちづくったのは、よく知られているように蒸気機関の実用化にともなう一九世紀の蒸気船、機関車・鉄道網の発達から、二〇世紀は自動車、道路網、航空機、空路の発達であり、並行して、電力エネルギーの実用化、無線通信やラジオ・テレビジョンの発明と電信ネットワークなどが思いあたるだろう。そして前世紀の二つの大戦を経て、核兵器と原子力開発が同時代の政治的・社会的・軍事的なトピックの前景に躍り出て今日にいたっている状況は、周知の通りである。

こうして見るだけでも、この間の最先端の科学・工学技術の展開と、その政治的・外交的・軍事的波及に関して、人員・物資の輸送、情報伝達、軍備および軍事的プレゼンスも含め、量的・質的な「速度」の上昇とそのコントロールが大きな眼目になっていたであろうことが了解されると思われる。そのことから目をそらすことはできないだろう。

そこに登場するにふさわしいのは、ポール・ヴィリリオ（Paul Virilio, 一九三二〜二〇一八）である。彼は、このような二〇世紀の高度に発達した産業社会、さらにはポスト産業社会と言われる世界状況を、「速度」をキーワードとして本格的に考察した最初の思想家と言うことができるからである。

そこで本書では、ヴィリリオの思想を主軸として参照しつつ、これら同時代の諸事象を考察し、ヴィリリオの視座を踏まえて、何が照射できるか、どのような問題が浮かび上がるか、どのような思考が繰り広げられうるかを考えてゆきたい。

もちろん、ヴィリリオの残した幾多の書も、およそ二〇世紀の最後の四半世紀から、今日まで四〇数年にわたるわけだが、その間、前述のように世界的に著しい変化、展開もあったと言えるので、ヴィリリオの書にもそれぞれ歴史的制約がある。今日から見れば、その時点での視座から展開される考察、批評という限定的な面もあり、それは押さえておく必要がある。とはいえ、どの時代であれ、書物として事物となって歴史的に限定されるにしても、一方で、書かれたもの（écriture）としての思考の内実には時代を超える面も含まれる。そこにはぐくまれる思考は、後進の者がその内容を汲み取り、解釈し、批判的に検討して現在の思考にすることによってのみ開かれるのであろう。ヴィリリオの場合、確かに実際の出来事や事象に言及することも多々あるが、それが一過性ではなく、彼自身の思考に裏付けられた洞察に基づくものであることも少なくないと考えられる。

そこで、不動の定点、定座標ということではなく、いわば一定の持続を有する中継基地のようなものとして、その基地に随時往還しつつ、またときにはその基地も相対化して対象化しつつ、やがて訪れる二一世紀の第Ⅱ四半期（とそれ以降）に目を向けるためにも、それらの作業を通じて、現代の人間社会およびそれをつつむこの世界の変化、変容をできるだけ把握しつつ考察することを目的としたい、と筆者は思った。

さて、そのヴィリリオについては、日本でも翻訳書は一九八〇年代から一〇点以上にのぼり、以上の意味で「速度」の思想家、都市・文明評論家として読者に知られるようになったと思われるが、どのような問題領域でいかに活動をしてきた人物なのか、その概略を本書の冒頭に簡単にまとめて紹介しておきたい。

筆者は以前、ヴィリリオの百科事典の項目を執筆したことがある。ただし、電子媒体のみの発行なので、ここにその項目内容をあらためて引いておくのも無意味ではないと思われる。なお、本書における表記の統一などのため、表現は一部変えてある。

フランスの都市計画家、評論家。一九三二年パリに生まれる。幼少期の戦時中をナントで過ごす。パリの工芸学校に入学し、ソルボンヌの哲学等の講義〔モーリス・メルロ＝ポンティなど〕も受講。

アルジェリア戦争に召集される。一九六九年よりパリ建築学校（ＥＳＡ）の教授となり、やがて校長も勤める。一九八七年には、設備・住宅、国土整備、運輸三省より、彼のそれまでの著作活動全体にたいして「批評国民大賞」を授与される。

一九五八年からノルマンディーを中心にトーチカなどの戦争建築の実地調査、研究を開始し、『トーチカの考古学』（*Bunker Archéologie*, 一九七五年）にまとめる。一九七七年には『速度と政治』（*Vitesse et Politique*）を著わす。同書では、古代アッシリアの騎兵・戦車の疾駆やアテネの軍船の活躍でも知られているように、機動力つまり速度は、その領域を支配する政治権力と不可分である点を確認したうえで、その様態はもとより静止したシステムではなく、それ自体、伸縮可能な力を伝播する走行領域と考えるべき点が強調されている。この著作にいちはやく注目したのがドゥルーズ＝ガタリであり、彼らの著作『千のプラトー』（*Mille plateaux*, 一九八〇年）の「遊牧論あるいは戦争機械」の章で再三論じられている。またヴィリリオもドゥルーズ＝ガタリの著作や活動に共感を示している。

ところで、このような軍事－速度力を可能にするのは、古来、物資の補給・輸送をつかさどる兵站術（logistique）である。ところが第二次大戦後、核抑止力の時代になると、兵器の威力以上に、その潜在的配備力・開発力と情報操作の方に戦略の重点が移る。したがって『戦争と映画Ⅰ』（一九八四年）では二〇世紀の映像と戦争の関係が分析され、映像情報の記録・解析・シミュレーションをおこなう「知覚の兵站術」が語られることになる。さらに『視覚機械』（*La Machine de vision*, 一九八八年）では、今日の日常世界に関しても、ヴァーチャルな映像が事物に優先している点に着目し、肉眼で現に人や物を知覚する世界から離れて、画面の世界が第一義的となる事態を論じている。こうして赤外線監視カメラから偵察衛星まで、地上・空中に縦横にはりめぐらされ、その惑星的監視態勢のなかでは「拘禁の感情」が今後ますます強まるとヴィリリオは語る（『電脳世界』（*Cybermonde, la politique du pire*, 一九九六年））。

光速度による情報の伝播の世界では、地理的距離の廃棄はもちろん、現地時間（ローカルタイム）の消滅という事態も生じる。そこに君臨するのはリアルタイムの「世界時間」である。これは世界の均一化、相対的「縮小」を意味するが、そのことは、人間の身体が移動体のなかで座席等に「不動化」することから推し量られるように、そのまま身体の自由・能力の相対的拡大を意味するとは言えない。むしろそのなかでは人間の身体的自由が拡張されるというよりも、身体内部が広く開発、投資の対象となるのであり、ヴィリリオは臓器移植など、身体がバイオ・テクノロジーの大きな市場となる点や、無謀な「速度」を求めるオリンピックのドーピング問題にも警鐘を鳴らしている（『沈黙という手続き』（*La Procédure silence*, 二〇〇〇年））。

ヴィリリオに関しては、ただ科学・技術にたいする批判だけであるとか、議論が極端にすぎるという評もあるが、テクノロジーの発展についてはその裏面が語られることが少ないので、あえてその批判的面を強調する役割を自分は担うとヴィリリオは語る。また不可視の潜在的戦争空間が視覚化されるケースである偶発的事故や人為的破壊に注目し、「偶発すること」（Ce qui arrive）と題して、建築家レベウス・ウッズ（Lebbeus Woods）のインスタレーション『崩壊』など造形作家のオブジェや、二〇〇一年のアメリカ同時多発テロによるツインタワーの崩落や一九八六年のスペースシャトル・チャレンジャー号の爆発など災禍・事故の映像作品の展示を企画し（パリのカルティエ財団現代美術館、二〇〇二〜〇三）、災厄にたいする芸術家の視点を取り入れて、従来のドキュメンタリーや科学的検証とは異なる提示のしかた、反省のしかたを試みている。(1)

以上は、二〇〇三年頃までのおもなヴィリリオの活動である。その後、長らく絶版で手に入りにくかったヴィリリオの初期の著作である、『トーチカの考古学』（*Bunker Archéologie*, 一九七五年）がガリレー社から二〇〇八年に再刊された。初期のヴィリリオの考察対象として注目すべきトーチカ（海岸線などに設置される、コンクリート造りで火器を備えた防御体で、掩蔽壕《えんぺいごう》、第二次大戦のドイツ占領時代は〃ブンカー〃と呼ばれる）論については、第一章で扱う。また、テクスチュエル社の『電脳世界——最悪のシナリオへの対応』（*Cybermonde, la politique du pire*, entretien avec Philippe Petit, éditions Textuel, 1996）から一四年後に、同じく同社の対話集『恐怖の管理』（*L'Administration de la peur*, entretien mené par Bertrand Richard, éditions Textuel, 2010）が出版されている。そこでは、二一世紀に入ってからのヴィリリオの関心と思想的展開が語られている。これはおもに第七章で取りあげたい。

さてここで、現代思想におけるヴィリリオの思想的位置づけをおおまかに知るために、また本書で扱う問題圏を概観するために、入り口として、多くの論者に引用されるジル・ドゥルーズの「管理《コントロール》社会」論（『記号と事件』〔一九九〇年〕所収）を参照するのがよいと思われる。そこにはドゥルーズがまさにヴィリリオに言及した箇所もあり、またヴィリリオ自身も『電脳世界』（一九九六年）、『情報化爆弾』（一九九八年）、『恐怖の管理』（二〇一〇年）等で今日の社会を特徴づけるものとしてドゥルーズの「管理社会」論に再三言及しているからである。

ドゥルーズは、権力の歴史的な三つの形態として、「君主型」、「規律型」、「管理型」を挙げている。「君主型」は王を頂点とする古典的形態と考えてよいだろう。「規律型」の「規律社会」については、ミシェル・フーコーは大規模な監禁・訓練の環境を整備する一八・一九世紀に位置づけた。「規律社会」にあてはまる施設は監獄だけではない。軍隊、学校、工場、病院なども同工異曲である。しかし二〇世紀も末には、その「規律社会」（les sociétés disciplinaires）は「管理《コントロール》社会」（les sociétés de contrôle）に移り代わろうとしている。ドゥルーズは以下のように語っている。

こうして規律社会（les sociétés disciplinaires）にとってかわろうとするのが管理社会（les *sociétés de contrôle*）にほかならないのである。「管理《コントロール》」とは、新たな怪物を名ざすために〔ウィリアム・S・バロウズが提案した名称であり、フーコーが私たちの近い将来として認めているのが、この「管理」なのだ。ポール・ヴィリリオもまた、いわば戸外で行使される超高速の管理形態を分析し、これが、閉じられたシステムの持続において作用した旧来の規律にとってかわるだろうと述べている。途轍もない規模に達した薬品の生産や、組織的な核兵器開発や遺伝子操作などは、たとえそれが新たなプロセスに介入してくる運命にあったとしても、あえて引き合いに出すにはおよばない。もっとも冷酷な体制はどれなのか、あるいはいちばん我慢しやすい体制はどれなのかということは考える必要がない。冷酷な体制でも、我慢できる体制でも、その内部では解放と隷属がせめぎあっているからである。例えば、監禁環境そのものともいえる病院の危機においては、部門の細分化や、デイケアや在宅介護などが、はじめのうちは新しい自由をもたらしたとは言え、結局はもっとも冷酷な監禁にも比肩しうる管理のメカニズムに関与してしまったことも忘れてはならない。恐れたり、期待をもったりしてはならず、闘争のための新しい武器を探しもとめなければならないのである。(2)〔強調は原著書、傍線は引用者〕

このように、大量の情報をデータ処理して蓄積するコンピュータ・テクノロジーが主導し、メディアを通して映像、言論、コミュニケーションを操作する「管理社会」の時代に、私たちは紛れもなく突入している。このような社会をどのように受けとめ、またいかに距離をとることができるか、どのような対応がありうべきか、何が考えられるかが問題となるだろう。筆者には、このようなドゥルーズの呼びかけ、思考にたいして、ヴィリリオは一連の著作において随所で呼応し、応答しているように思えてならないのである。

またヴィリリオの文章《エクリチュール》からは、しばしば、教育的に説いて聞かせると言うよりも、どちらかと言えば常識的な見方をくつがえし読者を挑発する印象を受けることがある。例えば通常の図と地を逆転するような見方、考え方を打ち出す。それも新しい問題圏の創出、提示の意味合いもあって意図的であるだろうし、ヴィリリオの文章《エクリチュール》の特徴ではある。

しかもヴィリリオの著作では、その時点の世界的にアクチュアルな政治、経済、社会、軍事的問題、事件に言及される場合が多い。したがって、他の思想家の場合もそうであろうが、とりわけヴィリリオの思想をまず読み取り、説明するにあたっては、その思想圏からの触発をわれわれの馴染みの世界に着地させつつ、ときに眼前に浮上させ、その周囲の地上・空中風景ともども描くようにして、その運動世界の特徴や輪郭を浮かび上がらせる必要があるのではないかと思われた。

そのため、同時代の事象をとらえるその考え方をできるだけわかりやすく説明するためには、一般的な思潮や前史、あるいは扱われる問題系に関わる前提事項を前後左右に並べたり、またヴィリリオの語り開く方向に沿った、他の思想家の考え方などを布置したりする必要があると思われた。また筆者を含めてだが、情報化社会とか人工知能とかいうことばを発すると、なにかわかった気になって、そこで思考停止になるおそれがあるので、その成り立ちを可能な範囲でおおまかにでもつかんでおく必要があると思われた。そのため、序章において、前記のドゥルーズのほかにも、機械の三段階を論じた坂本賢三(『機械の現象学』一九七五年)の所論を踏まえて、道具・機械の基本的な考察を試み、本論への橋渡しとしている。例えば機械の原初型に関わる「体内消化」・「体外消化」の概念など、本論でも参照系として随所に援用している。

なお、ヴィリリオもまた思想家として例に漏れず、広く世界中の同時代人に向けて語っているのであり、取りあげられる問題系やトピックも科学技術に関わる以上、彼の言述は原則的に世界共通の平面に展開する。そのため、筆者がヴィリリオの文章を受けて連想した事例やわが国などに当てはまるケースを考察して展開した内容も随所に配置した。

譬えて言えば、ヴィリリオを主要な思想圏として、そこから吹き寄せる風をわれわれができるだけ受けとめて、あるいはその風に思いのままに乗って、風の吹き行く先のさまを、吹き払う風景を考えてみたらどうなるかなど、筆者なりに、ともすると馴染みの風景と思いがちな世界にこんな趣向の風も如何かと行き渡らせるべく、できるだけ試みたつもりであるが、むしろ速度のテーマとは逆に、煩雑、混迷な隘路にいつまでも遅滞し途方に暮れることも多かった。

それでもヴィリリオを主要な軸として読みつつ、おもに二〇世紀第Ⅳ四半期からの近過去を筆者なりに回顧し、現在の状況を多面的に考察し、第七章、第八章、終章などでは、筆者の見解も提示した。とくに終章では、ヴィリリオの言う「脱オリエンテーション」（方向性の脱構築）を追究するならば、いろいろな先人の書や今日の学術書など参考になるものは数多あると思われるが、筆者の知る限りでは道元の『正法眼蔵』にまさる書は考えられず、その書に依りつつ、また照らし合わせつつ、この脱オリエンテーションの問題の考察を試みた。本書において二〇世紀の足がかりを保ちつつ二一世紀の第Ⅱ四半期以降を遠望する際のなんらかの心構えに資する素描の試みが、いくばくかなされえたかどうかは読者諸姉諸兄のご判断を待つしかない。

なお、ヴィリリオの著作をはじめ、引用した文献の翻訳書はできるだけ参照し、参考にさせていただいたが、本書においては表記や前後関係、文章の統一などのため、多くの場合、あらためて拙訳を試みたことをお断りしておく。なお参照する場合の便宜のため、引用箇所で翻訳のあるものは、注に翻訳書の該当ページを記した。

注

（1）小学館DVD-ROM版『スーパー・ニッポニカ』項目「ビリリオ」、二〇〇四年発刊。

（2）Gilles Deleuze, *Pourparlers*, Minuit, 1990. pp. 241-242. ジル・ドゥルーズ『記号と事件』（宮林寛訳、河出書房新社、一九九二年）、二九二頁。
〔ウィリアム・S・〕バロウズ（一九一四〜一九九七）は、アメリカ一九五〇年代のビート・ジェネレーションを代表する作家の一人。

序章　今日のエレメント
——機械論の三段階から、ヴィリリオの「走行圏」、速度の世界へ

私たちは、四囲の世界を前にして、世界の成り立ちやそのなかでのもろもろの運動に思いをめぐらすときがある。もちろん、そのなかで私たちも活動している。遠くギリシアの哲学者タレスやヘラクレイトスは、地中海世界において、水は大空から雨となって降り落ち大地に滲み渡り、いつしか河川の流れとなって多島海に注ぎ入り、照り輝く太陽は燃え立つ火の玉となって天にのぼり地に沈み、人々の体内にたぎる血を燃え上がらせ、ときに火山も噴火するという、過剰なエネルギーをはらみつつダイナミックに絶えまなく循環するさまを見据えていたと想像される。このような現象の観察から、水や火という万有の元になる基本要素《エレメント》に思いを馳せたと、いささか神話的に哲学史の最初のページで語られることもある。ともあれ、水、火、土、空気といったエレメントが宇宙の諸活動の源になっていて、四囲の自然環境を構成していると考えられていたとしよう。それでは今日の私たちの〝エレ

メント〃は、どう見たらよいのだろうか。

今日それを考えようとするとき、立ちどころに目に飛び込む人工的な電飾を纏った高低広狭さまざまな建造物、敷設物はもとより、大小さまざまな物品、商品、各種電気器具の氾濫のみならず、小型通信機器の蔓延、回遊する今日の電子機器的都市生活の風景に触れずには済まないだろう。

「はじめに」で触れたように、ドゥルーズは、「君主型社会」、「規律社会」、「管理《コントロール》社会」の三形態を示していたが、それぞれの社会に、異なったタイプの機械を対応させている。「君主型社会」では滑車、時計仕掛け、「規律社会」では蒸気機関、発動機などエネルギー産出機械、「管理社会」では情報処理機械としてのコンピュータなど「第三の機械」がもっぱら駆使される[1]。

これからの考察のために、背景となるこれら三段階の機械論の歴史的構成を見ておきたいが、機械そのものを考察するまえに、またそのためにも、ことは順序立てて、道具と機械の区別から考えることにしよう。

1 道具と機械

人間と機械の関係について考えるに際して、まずは道具と機械の違いについて考えてみよう。道具も機械は、どちらも人間の役に立つものとして作られていると言える。道具については、今日ではいわば文法用語でいう〃過去未来〃の例になってしまったが、映画『二〇〇一年宇宙の旅』(一九六八年）の猿人の棍棒をはじめ、斧やのこぎりを思い浮かべればわかるように、いずれも手でつかんで使用する、〝手もと存在〟である。手もとにじかに引き寄せて用いるわけである。また道具・器具と言われるように、器具も〝うつわ〟として〝手もと存在〟であり道具の一種である。それにたいして、機械の場合は、初動は手足を使うにせよ、そのあとは仕掛けがあって各部品が連接的に作動し、人間の手足を離れたところで仕事をする。アメリカの都市研究家・文明批評家ルイス・マンフォード（一八九五〜一九九〇）は、最初の機械は弓矢だと語っていたが、[2] このように機械は連接作動システムである。単純な弓矢の例では、矢を弦《つる》につがえて弓を引き絞ることは、斧やのこぎりのように直接的に対象に作用するのではない。引き絞る弦《つる》の力を、弓矢という複合装置によって矢に伝え、その分、熟練を要することは当然であるが、的を射るべく発射されるのである。たんに手を使って槍を投げるのとは確かに違う。

　機械《マシーン》といえば、名にし負うミシンを例としよう。第二次大戦後まで日本の家庭に身近にあった足踏みミシンの場合は、足踏みペダルという原動機構をはたらかせて、回転運動とし、それをクランクに伝達して、針の上下の運針運動に変換する、機械装置である。足踏みペダルで動かす自転車も、運動変換システムという点では同類である。このように複合装置、連接システムによって仕事をするのが、機械である。

　道具、機械いずれの場合も、人間の身体機能の延長、拡大、代替と、ひとまず言っておくことができるだろう。なお、道具・器具には大きく分けて、石器時代以来、刃物のような利器と入れ物としての容器の二種類あること、そしてそれぞれが機器や機械として展開されていくものと押さえておこう。

2　口腔と利器、容器

先に手足を用いる例を挙げて、道具や機械を利用する人間の身体の拡張という地平を広げておいたが、拡張される身体は、手足だけではない。それどころか、身体の各部位、各部分すべてである。そこで、口の例をあげよう。腕の延長が棍棒や鎌だとすれば、口の延長は何だろうか。口にはいろいろな機能があるが、今はもっぱらものを食べるときの口腔内の機能を考えてみよう。

日本でも坂本賢三が『機械の現象学』（一九七五年）で、機械の三段階を論じている。そのなかで坂本は、「技術の原型は、まず「食べること」に見出される」[3]として、人間の食物の体内摂取のしくみとその外化を考察している。

口を通じて食物を体内に取り入れるわけだが、私たちは食べたことのない食品が差し出されたときは、おそるおそる口に入れて少し噛んだり舌で味わったりしてみるだろう。この場合の舌は、摂取してよいかどうか、あるいはしたいかしたくないかのセンサーの役割を果たしている。舌の覚えめでたければ、晴れて唾液をまぶしつつ歯で噛み砕き、舌ざわりを楽しんで存分にころがし、味わっては喉から食道に流し込む。このとき、歯は刃物としての「利器」である。また舌は味見のときは味覚のセンサーであるが、喉もとに送るときは「手」の役割を果たすことになる。このように、普段私たちはほとんど意識していないが、「食べる」といういとなみにおいて、口腔という器官は、〝うつわ〟として、歯、舌の作用と唾液の分泌をうながす、複雑な〝化学的反応容器〟なのである。

このように、「食べることにおいてすでに、利器と容器が登場してきている」[4]と坂本は言う。一般に動・植物を食物として摂取して体内で消化し、身体の栄養分とすることが「食べる」ことであるとすれば、それが拡張される作業、食の準備作業とはどのような光景になるだろうか。食材を食べやすくするため細かく切ったり割ったりするのは、歯の代替作業である。包丁などの利器が活躍する。また、鉄板で焼いたり鍋で煮たりするのは、中毒や腐敗を避けつつ、胃腸など体内で吸収、消化しやすくするためである。塩や調味料も腐敗防止のほか食欲増進、つまり食べやすくするためにも必要である。

道具のなかで、斧やハンマー、包丁などは切れ味や作業効率のいい「利器」であるのにたいして、壺や鍋などは「容器」である。縄文式土器など、日本列島では、同時代の世界にあっても容器が発達していたことはよく知られている。容器は貯蔵や、水や酒の入れものという用途のほかに煮炊きや発酵にも使われていた。以上に関して、包丁と鍋は「機械の原初型」であると坂本は言う。このことをもう少し詳しく見てみよう。

料理というこれらの一連の作業工程は、一種の「体外消化」と考えられる。つまり、あらかじめ体内消化しやすいように調理して加工するのは、ちょうどクモがみずからが張ったクモの巣にひっかかった虫に自身の分泌する消化液をかけて虫を溶かし、その溶けた栄養分を体内に吸いこむまでの、「体外消化」作業に似ているという。これはすぐれて化学的消化である。そもそも摂取対象を食物として体内に吸収可能な状態にまでもっていくのが「消化」ということであるから、トラの牙や歯のように破砕・磨砕、裂断などの仕事もりっぱに「消化」活動である。口先でおこなわれるが、鋭い爪の前足もともなうかもしれないので、体内か体外か、その境界でおこなわれる「消化」活動の一過程であり、この場合はもっぱら物理的消化である。

このように、包丁と鍋による「料理の仕事が、歯と口腔の仕事の外化」[5]であると見ることが重要である。私たちは、食物を口に入れ、唾液をまぶして歯でよく嚙み、嚥下する。ここで〝食物〟となんの不思議もなく書いたが、ほとんどの場合、その〝食物〟は食べやすいように、つまり物理的、化学的、味覚的、衛生的に摂取可能なように、加工処理されている。したがって、「歯と口腔の仕事の外化」は、私たちはそれが「外化」であることを普段ほとんど意識しないほど、日常的に食事の準備として満遍なくおこなわれているのである。そして「外化」の作業によって、口腔に入れやすい形に加工された食物は、相応に味覚を満たして咀嚼され、食道から胃に送られ、胃液で消化されて、腸に送られる。おもな吸収はそこでおこなわれ、残余は大腸を通って排泄されるのは周知の通りである。

調理作業にもどれば、なるほど包丁による食材の切断の際、包丁は手もと存在としての道具であるが、鍋のほうは事情が少し違う。包丁と鍋は、見た目で連接していないが、セットで連携されるシステムとして、熱源が前提とされている。原初的には焚き火であろうが、われわれは七輪という器具で形象化してみよう。鍋と七輪は、個々には道具・器具と言えようが、七輪に火を起こし、調理された食材を鍋で煮炊きする場合、ぐつぐつ煮られる鍋のなかの食材の変化に直接タッチはできない。見守りながら火加減を調節したり、菜箸やオタマジャクシで掻き回したり水を差したりするくらいであろう。その七輪と鍋は、複合化されて作動しているという意味で、機械《マシーン》と言うことができ、そこに火力というエネルギーが注がれて仕事がなされる。七輪＋鍋は熱エネルギーによって固有の仕事をしているのである。これは明らかに機械《マシーン》である。

このようにしてみると、七輪を加えたうえで、「包丁と鍋は代表的な調理器具であるとともに機械の原初型である(6)」と坂本が言うのも頷ける。食材の「体外消化」のシステム化、機械化の萌芽が見てとれるだろう。この歯と口腔の代替システムによって、人間が消化しにくい木の実や根菜類を摂取できるようになったのは画期的であったと容易に想像できる。現代では、この一連の作業はもっぱら、いわゆるシステムキッチンにおいてなされている。このように、技術の原型はまず「食べること」に見いだされ、「料理の仕事が、歯と口腔の仕事の外化」であり、「体外消化」の展開であり、そこに「機械」についての単純であるが含蓄深くもある、初期段階の例、イメージが広がる。

だがここで、何の「外化」であったのかに立ち戻って考えてみたい。ひるがえって考えれば、口腔という器官そのものが、すでに、歯、舌の作用と唾液の分泌をともなう複雑な器官であり、それ自体、優れて精妙な機械《マシーン》であると言うこともできることに気づく。〝機械〟の定義にかかわるが、その定義には、もともと素材は問われていない。実際、古代の機械はおおむね木製だった。近代は鉄など金属製のイメージが強いが、現代の医療の現場など、複合的に作動する人工臓器は、高分子素材、生体素材、ハイブリッド素材まであると言われる。すなわち、身体の部分的器官と機械は外観にかかわらず、権利上も事実上も、同一平面上の事象とみなすことが可能になるということである。

したがって身体のほうから考えてみると、人体がすでに、諸器官の連接からなっており、そのひとつの器官（それ自体複合化されている）として、口腔と歯を例にあげたかたちである。それらが外化されていて、身体活動として体外消化がおこなわれている。その活動は体内消化と連続的であり、体外廃棄（排便）を合わせて、身体内部と（道具や機械を用いる体外消化の場である）外部はすでに連続して広がっている。個体としての身体とその対象としての世界という関係ではなく、世界のなかに開かれたかたちで、すでに身体諸器官の不断の活動がなされており、体外消化、体内消化、排泄というかたちで、世界に織り込まれ、世界に開いて活動がなされていることを如実にもの語る。比喩ではなく、人体が、発生的に、またトポロジー的に、中空の〝ちくわ〟状であること、いわば外部が中空に貫通していること、そんな態様を伸縮、顫動していること、を思い起こしてもよいだろう[7]。

身体の各部位の拡張、代替の列挙については、ここではすべてに言及しない。ただ、例にあげた口については、もうひとつ大切な、口舌を利用する発声機能を別に考えなければならないことは言い添えておきたい。さらに眼、耳、脳の拡張、代替はまさに現代のテーマとなるが、今はレベルの違いもあることに注意しつつ、以上の各部位は留意しておくにとどめておいて、速度に関わる「機械」のイメージを追ってゆこう。

3　足とその拡張――陸上と水上

人類の歴史において、「手」の拡張として道具、機械のパースペクティブは比較的想像しやすい。前節ではもうひとつ、生命の維持に必要な〝器《うつわ》〟として「口腔」とその機能も点検した。ここでは、「手」と同様に生活のために欠かせなかった、場合によっては手以上に生命維持に必須であった「足」についてさらに考えてみたい。足の役割にもいろいろあるが、何と言っても移動のための身体機能が重要であろう。

人間は定住する以前は、十数人～数十人の群れ（バンド）をなして移動していたとされる。今日の私たちは、昔の人の行動範囲は狭かった（生涯せいぜい半径数十キロ）と思いがちであるが、それはまったく逆で、一日で二〇～三〇キロ移動することを続けるのが日常的であったという見解が有力のようだ。もちろん平原など移動しやすい経路や季節的な回帰もあるだろうが、マクロで見ると、アフリカ大陸からアメリカ大陸の南端にまでいたるほど人間は移動したのだし、一日の人間の移動距離は、現在の私たちの日頃の歩行範囲で言えば、その二、三〇倍は可能であったと考えておくのがよいだろう。それは、いわゆる定住後もそうであって、少なくても相当数の人間が日常的に移動していたことは、日本列島の黒曜石や翡翠の分布を見れば、その交易ルートが証拠となっている。早い話が、つい百数十年前には、弥次さん喜多さんよろしく徒歩で東海道を歩いていたのである。

さて、歩行する足の機能の拡張としては、馬、そして車が思いつく。遊牧民による馬の馴致と馬具の工夫によって、機動力が飛躍的に増したのは歴史の語るところである。弓矢を操る騎馬民族は定住民に恐れられたが、弓矢を携えて疾駆する騎馬兵は、すでにりっぱな「機械《マシーン》」であろう。ドゥルーズ＝ガタリ風に言えば、代表的な「戦争機械」である。また、車も車体を引くのが人であれ馬であれ、それは、「機械」であり、街道、道路の整備とあいまって、その移動システムがアッシリアなどの帝国において、全土の統治システムの枢要部分を担うことになった。このような展開の方面は、まさにポール・ヴィリリオの独壇場なのであるが、これは後述することにして、ここにもうひとつ、それに劣らずに重要な移動システムがあることを忘れてはならない。

それは、舟、水運である。舟は、移動の容器である。舟の利用は、泳ぐことの代替という面でいえば、手足（四肢）の拡張の面があるが、浮き輪のようなものに頼って手足を使うのではなく、櫂《オール》や櫓《ろ》を用いて舟を進めるのは、人力を舟の移動に利用するすぐれた移動システムであり、単なる道具ではなくマンフォード的定義ではりっぱな「機械《マシーン》」となろう。そして、舟や筏やカヌーなども、人類の歴史において私たちが思っているよりもはるか以前から世界中で考案され利用されていたのは、考古学の教えるところである。広大な南太平洋でも、遠く離れた島々で広範囲に盛んに行き来していたのはよく知られている。内陸部でも河川を利用しての水運利用は、四大河文明以前からおこなわれていたのは疑いようなく、古代の日本でも盛んに利用されていた。むしろ道路の整備のない地域では、舟の利用のほうが大量の人員や物資の輸送には、より安全で移動も速かっただろうと推測できる。神話的記載であるが、ヤマトタケルは海路で東日本に遠征している。古代の歴史的状況を反映していると言ってよいだろう。

もちろん、天文、気象、海流、季節風などの周到な観測は世代を経て蓄積、伝承され、その知見は経験的によく知られていただろう。したがって、舟の移動は、とくに遠出の場合、オールを漕ぐ人力に頼るというよりも（それは副次的、補助的になる）、潮流、風などの自然力を適切な移動のエネルギー源としていたということができる。舟は、河川や海洋、そして大気という環境、エレメントに包まれ、そこに漂うのであり、そのエレメントに逆らわず、その流れに乗って、あるいは潮汐、対流など宇宙的リズムを利用して進むのであろう。すなわち、水というエレメントと空気・風というエレメントの境界面にあるという特権を享受しつつそこに滑り、漂うということである。そのとき、舟は、その舳先は「利器」であろうが、全体としては帆を備えてエレメントを利用して移動する「容器」であると言える。なお、ヴィリリオの考察に関連する船の速度性については、第二章で言及しよう。

4　機械論の三段階

「機械」と一口でいっても、茫漠としていてつかみようがないので、われわれは、身体の部位・器官の代替、拡張という視点から語り始めた。その方向では、ある種の展開の平面を広げることができた。利器から進んだ機械の初期形としての弓矢と、熱エネルギーを利用する機械の原初形態としての鍋、そして人的・自然的エネルギーを利用する容器として機械の原初形態を具現している舟を見てきた。

ところで、物事の発展については三段階で語られることが多い。一般的に三つに分けると、整理しやすい。坂本賢三も、三段階で論じているので、それを参照することにしよう。先に挙げた、ドゥルーズの三段階とも基本的に照応している。ただし、発展段階については、第二段階に進んだといっても、その歴史的段階においては第一段階の機械がなくなるわけではなく、それに蔽いかぶさるように新段階の機械が普及し時代の趨勢をなしてゆくということである。この層的構成は容易に理解されよう。

機械というものを、道具などとの差異も考慮しつつそのはたらきや目的を総体的に論じることを機械論とよぶとすれば、機械論の第一段階としては、まず「物」を加工の対象とする点にその特徴を見る切り口がある。糸紡ぎ機や機織り機などが代表的である。「物」を要素に分解して（糸車で糸を繰る）、再び組み立てる（機織り機で糸を織って布にする）。水車などを利用する粉引き機で、麦を粉にして、竈《かまど》で焼く。これらの作業は、人間の手足の作業の延長と言える。歴史的に言えば、滑車を用いた起重機や、水汲みポンプ（揚水機）、足踏みふいご（アニメ『もののけ姫』〔一九九七年〕にも出てくる）などもよく知られている。これらは、人間の筋力、肺（活量）の代替、拡張と言えよう。

ところが、古代文明このかた数ある機械のなかで、どう見ても、少なくとも直接的には人間の身体の各部位の代替、模倣、拡張とは考えられないものがある。それも、機械仕掛けのからくりとして代表的なものとして現にある。そう、時計である。時計は身体的所作・挙動の延長、類比ではない。それは太陽や星座の天体事象の模倣として、人間によって作成され、日時計、水時計、からくり時計へと展開された。もちろん時を知ることは、人間が生活するために欠かせない、切実な必要性であっただろう。通常の文字盤が円形で右回り（言うところの時計まわり）なのは、太陽の見かけの日周運動、北極星を中心にした星座の見かけの日周運動の投影であろうことは容易に想像できる。（余談であるが、腹時計ということばは、時計ができてからの、身体への逆投影であり、これはこれで含蓄はある。）ともあれ時計は、第一段階の機械のひとつの典型とされる。人類の原初的機械に、天文事象と相関する時計があることは、見逃せないところである。

さて第二段階の機械論としては、いわゆる産業革命以来の機械化時代にあって、蒸気機関車がその代表格となる。それは動力機械であって、人間の手足の筋力、活動力を代替し、大幅に拡張する。すなわち生産されるのは物品ではなく「エネルギー」である。機械が加工の対象とするのはエネルギーなのである。この場合は、石炭を燃焼させて（熱エネルギー）水の温度を上げ、蒸気圧を利用してシリンダー内でピストン運動し、それをクランクで車輪の回転運動に伝える。熱エネルギーを運動エネルギーに変換・加工するシステムだが、ここには、変換によっても変わらないエネルギーの等価性が大きな意味をもち、そのエネルギーを抽出することが第一義である。すなわち材料となる物質（今の例では石炭）は、その役目が果たされれば何でもよいことになる。これも余談になるが、蒸気機関車のロマンは、人間の活動力の模倣としてイメージしやすいからかもしれない。

第三段階の機械論として開かれるのは、言わずもがな、コンピュータなどの情報処理機械である。これらは物ではなくて文字通り「情報」を加工の対象にする。第二段階の動力機械はここでもあいかわらず重要であるが、だからこそ自動制御システムが必要になる。自動制御システムは、対象を要素へと分割し、その再編、システム化を行なう点で第一段階の機械論に似ているが、異なっているのは、「部品・物ではなくて、働き、作業が要素化されシステム化されている」[8]のである。一連の生産加工システムを管理するために、それらの情報を記号化・数値化し、その時々のさまざまな条件も同様に数値化・記号化して反映させ、最適なパフォーマンスを実行させるべく作動する。

第三段階においても下位区分が考えられるだろうし、さらには第n段階の議論もあるかもしれないが、機械の性質、はたらきと世界との関係については、基本的には以上のように機械論の三つの段階でここでは考えることにしたい。

5　新たな圏域、新たなエレメント

以上のように機械のはたらき、目的を機械論として考えてきたが、第一段階の「物」を加工の対象とするレベルで考えてみても、そこでは機械は、相対的にエネルギー低位な周囲の背景に比べると、それなりに集中的に高密度の仕事を展開している。弓矢による狩猟や、櫂で舟をこぐ運動を思い浮かべれば、周囲との関係性が浮き上がり、空間移動、速度、空間の相対的伸縮などの様相が、作業（仕事）の密度を通して、本質的なものとして浮かび上がってくると言えるだろう。

先にも触れたが、〝機械〟は、人為的、人工的であることを必ずしも意味しない。また、〝機械〟と人間は、一方的関係のみでおさまらないし、単純に対立させることもできない。すなわち、人間の器官と機械に、有機的、無機的の差異を付けて区別することが多いが、そこに本質的な差異はないとドゥルーズ＝ガタリのように考えることができる。人工器官、補綴、臓器移植など、同じレベルでおこなわれていることを鑑みれば、頷けるだろう。人間の身体も含めて、生体の諸器官は、必ずしも統合的なものではなく、生体内の諸器官の連接や離接、そしてそれぞれの器官の、生体外の諸器官との連接、離接という、変化やゆらぎの局面も視野に入れる必要があるだろう。

体外消化、体内消化、排泄といういとなみについて2で検討したように、このような身体は世界のなかに開かれたかたちで、すでにその諸器官の不断の活動がなされており、世界に織り込まれ、世界に開いて活動がなされていると考えることができる。世界と人間の相互嵌入的な機械論的かかわりについてこのように振り返ったうえで、今日の私たちは、私たちのこうして暮らす四囲の世界をどう見たらいいのだろうか。

歴史的な機械的環境世界の上に展開する、第三段階の電脳世界が主流となる今日のありようについて、総じて、私たちは身体も取りこまれたかたちで〝機械〟的環境が全面を覆う圏域にある、と言うことができるだろう。そして、おおまかに言って、その歴史的な機械的環境世界を、第三段階の機械として制御するのが、脳を外在化した〝電脳世界〟であるという結構になっていると考えることができる。

そのとき、物質環境のうえにかぶさりそれらを加工している人為的環境の世界は、ヴィリリオによれば、そのまま速度の世界であるという。ヴィリリオは、現代の世界では「速度」がひとつの環境になっていると主張する。私たちはともすると静止した世界のなかで単発的に人や物が動いていると考えがちであるが、そうではなく、相対的な速度の世界のなかに、しかもますます加速される世界のなかに私たち自身も加速されながら、生を刻んでいることになる。世界は今までとは違う新しいエレメントを有すると言うべきであろうか。そこに作動している〝機械〟は、もはや四大のエレメントの活用ではなく、あるいはそれらは背景化し、光速度で飛び交う大量の数列化された情報の伝播する、電子的エーテルというべきエレメントを活用しているということになるのだろうか。そのエレメントに巻き込まれている事象の〝速度〟、あるいは〝速度〟の事象が展開される世界が私たちの世界ということだろうか。

他方、別な見方をすれば、このように光速度が舞台の主役となっていることは、普段は忘れているのかもしれないが、私たちはよくも悪しくも宇宙的存在であることを思い知らされる、ということでもある。大げさにことあげして言うのではなく、地球や太陽系が孤立した系ではなく、この瞬間にも地球は太陽系外から膨大な宇宙線を浴びている様態を指している。ただそこにロマン主義的含意や白髪三千丈的悲嘆の含意はない。「宇宙的」と言っても、それ以上でもそれ以下でもない。過不足なく言って、ある環境に生存する星間的存在と言ってもよいかもしれない。が、それは実際にどのような事態なのだろうか。

われわれはこの序章で、あちらこちらに目をやりながらここまで助走してきた格好であるが、以上の下地のもと、以下、ヴィリリオの視点、視座を中心に据えて、そこに見える諸事象を考えてゆくことにしよう。

注

（1）Gilles Deleuze, *Pourparlers*, Minuit, 1990, p. 244. ジル・ドゥルーズ『記号と事件』（宮林寛訳、河出書房新社、一九九二年）、二九七頁。

（2）ルイス・マンフォード『機械の神話』（樋口清訳、河出書房新社、一九七一年）、一八五頁。「というのは、三万年前と一万年前の間に、旧石器人は弓と矢を発明し、完成させたからである。これは、最初の真の機械となった。」

（3）坂本賢三『機械の現象学』、岩波書店、一九七五年、二一三頁。

（4）同書、二一四頁。

（5）同書、二一五頁。

（6）同書、二一五頁。

（7）生物の系統で、ヒトなど脊椎動物は、ナメクジウオやホヤとの共通の祖先となるような脊索動物（管状の形態をとる）にさかのぼるとされている。「単純化すれば、人間の身体はチクワのような中空の管にすぎず、その他の穴はチクワの表面にあいた穴や窪《くぼ》みでしかないことになる。」（福岡伸一『新版 動的平衡』小学館新書、二〇一七年、七四頁。）

（8）坂本賢三『機械の現象学』、二七二頁。

第一章　原型としてのトーチカ（掩蔽壕）——ヴィリリオの出発点

イタリア系移民の父とブルターニュ出身の母のもと、ヴィリリオは少年時代を第二次大戦下で（連合軍による）爆撃の激しかったナントの市街で過ごした。ラジオに耳を傾けてナチスの戦車隊が進撃して来るというニュースを聞くとまもなく、ナントの街路に到来する戦車を目撃するという「電撃戦」の様相をまざまざと体験した。それは目下の戦争が速度如何にかかっていることを雄弁に物語るものであった。空襲の街をほっつき歩き、昨日までの街区があっというまに消滅する凄まじさも経験した。事物の現前と消滅。真に現実的なものはどちらなのだろうか。彼は目の前にあるものを疑い、相対主義的な見方をするようになったと述懐している（『電脳世界』一九九六年）。さらに占領下で「自由フランス」の放送をおそらく灯火管制下の住まいの片隅で息をひそめながら聞いていた。まさにリアルタイムの情報戦の渦中にもあったわけである。空・地上・地下で、あるいは昼と夜で支配関係が入れ替わり、ときに交錯する。このような速度と情報、電撃と破壊の環境にヴィリリオの問題提起の原型が見られるが、さらにもうひとつがトーチカである。

ノルマンディー上陸作戦のドキュメントや映画でおなじみのトーチカ（掩蔽壕）は、一見、きわめて軍事的なディテールに過ぎないように見えるが、紛れもなくあるひとつの原型的なはたらきをもつ装置である。それ自体がひとつの暗箱という容器である。その狭い開口部を通して、みずからは視界にとらえられないように半ば地にもぐりながら、警戒すべき対象世界をフレームで枠取り視野に入れる。近代戦では、もちろんそれは銃眼ともなり、銃器をはじめ望遠鏡、撮影機も設置される。したがって、銃眼であるとともに銃口ともなるわけである。この暗箱という装置は、少し姿を変えて移動可能となると、照準器を備えた可動式銃口を備える装甲車となり、さらには離陸すれば爆撃機のコックピットとなる。また撮影装置としての暗箱が拡大すると、大型スクリーンをそなえた映画館となる。また地に潜る設備としては、核シェルターとなり、それらを装備しつつ戦況のコントロールをはかる作戦司令本部ともなるのは、ハリウッドの戦争映画、パニック映画でお馴染みである。

そこで、ヴィリリオの初期の著作、『トーチカの考古学』を見てみよう。

1　『トーチカの考古学』（一九七五年）――「大西洋の壁」の調査研究

『トーチカの考古学』（*Bunker Archéologie*, éditions du CCI, 1975）は、一九七五年一二月一〇日より一九七六年二月末日まで、産業創成センター（le Centre de Création Industrielle）によって組織され、パリの装飾芸術博物館で開催された「ブンカー・アルケオロジー――ポール・ヴィリリオ」（Bunker Archéologie――Paul Virilio）展の際に発刊されたものである。

さて、その“Bunker”であるが、これは、ドイツ語の〃Bunker ブンカー〃に由来する。コンクリート製の掩蔽壕、軍事用語でいうトーチカ（これはロシア語に由来し、元は「点」の意。ちなみに旧日本陸軍では「特火点」と呼称していた）のことで、ドイツ軍が第二次大戦中、北大西洋沿岸に張りめぐらした、一連のこの種の軍事的防御施設を言う。一九四四年六月のノルマンディー上陸作戦を扱った映画では、古くは『史上最大の作戦』（一九六二年）、二〇世紀末では『プライベート・ライアン』（スピルバーグ監督、一九九八年）にも登場しているので観たことのある方は思い出していただきたい。用途や規模によっていろいろな形態があるが、なかにはイースター島のモアイ像を思わせるものがある。軍事基地である以上、あのように誇示的に林立しているわけではないが、これらのトーチカは単体として点々と大西洋にその頭部を見え隠れさせて鋭い眼で睨んでいたことであろう。

なお、“Bunker”は、英語でもこの種の施設の軍事用語として使われることもあるようだが、今日ではゴルフの〃バンカー〃の意味のほうが広く普及している。日本でも、まずは人工的サバンナのようなゴルフ場にある砂の窪地が連想されるであろうから、カタカナ表記の必要な場合は〃バンカー〃ではなく、ドイツ語読みの〃ブンカー〃としておく。ヴィリリオにとっては、あるいはフランス語読みの〃ブンケール〃と表記するほうがより正確かもしれないが、本書では、第二次大戦中に「大西洋の壁」となった、一連のコンクリート造りのドイツ軍の防御施設という歴史的意味を帯びていることを強調して表記する場合は〝ブンカー〟の呼称を用い、通常は煩雑を避けるために普通名詞として〝トーチカ〟を用いる。

ここで、「大西洋の壁」（仏 Mur de l'Atlantique, 独 Atlantikwall）とは、ナチスドイツの土木技師・軍需大臣フリッツ・トート（一八九一～一九四二）の率いるトート機関（軍事土木計画実施機関）が設計・構築した、大西洋沿岸に張りめぐらされた軍事施設・防御ラインを指している。

また、“Archéologie” のほうだが、これは文字通り「考古学」でよいだろう。もちろん、対象は古代ではなく近々の事象ではあるが、ヴィリリオは、以下に述懐しているように、第二次大戦後、地雷は撤去されたにせよ、海岸地域に見捨てられ、廃墟と化したこれらの建造廃棄物の組織的調査を担当したからである。

この『トーチカの考古学』（一九七五年初版）は、一九九一年に続いて、二〇〇八年に再刊されている。まず、一九七五年の「まえがき」から見てみよう。引用が長くなるが、ヴィリリオの出発点を知る意味でも、彼の述懐に耳を傾けたい。ヴィリリオは少年期の第二次大戦中から説き起こしている。

まえがき

私が小さかったころ、ヨーロッパの海岸地域は工事中という理由で、一般人は立ち入り禁止であった。そこには、壁が築かれていた。私がロワール河口に広がる大西洋を初めて見たのは、ようやく一九四五年の夏になってからのことであった。

この海洋を目の当たりにしたのは、私にとってなにものにも代えがたい体験であった。心のなかに滲み入るままにただそれを噛みしめるほかはなかったと言えるだろう。実際、その海洋の水平線の出現は、なにかのついでに得た経験などではなく、紛れもなく意識に飛びこんできたひとつの事実であり、そこから、それまで知らずにいた事象が次々に繰り広げられていくことになる。

この夏のあいだに経験した、この発見のもろもろのシークエンスを私は何ひとつ忘れていない。この見出された平穏と禁止の解除は、私にとってただひとつの同じ出来事を実現していたのだ。もろもろの障壁が取り除かれ、各自がそれ以降、自由にその広大な海原に接近することができていた。かの占領者たちは、もろもろの器具や武器を自分たちの作業場もろとも置き去りにしたまま、彼らの生まれ故郷に退却していたのだった。この海の前線の別荘地はがらんとしていた。堡塁（casemates）の砲撃範囲をふさいでいた海岸のあらゆる遮蔽物は戦時中に撤去されていたのだった。海浜には地雷が埋設されており、地雷処理班が、海への接近が可能になるように、あちこちで忙しく立ち働いていた。

ありありと思い出すそのときの心持ちは、まだなお、そのときの人気《ひと》のなさの感覚であった。つまり、ラ・ボールのその広大な浜辺はもの寂しく、ブロンドの砂の入り江にいるのは、私たち一〇人以下であり、通りという通りには何ひとつ乗り物も見られなかった。ここは駐留していた軍隊が打ち棄てたばかりの前線であり、この広大な海原は、私にとって、見捨てられた戦場という、その様相と不可分であった。(1)

ここには、空襲で一夜のうちに町の風景が一変するナントの町で暮らしていた一三歳の少年が初めて大洋を見たときの鮮烈な経験が語られている。ナントの西、大西洋に面するラ・ボールの海岸。今まで見ることが禁じられていた分だけ、初めてのものを見ることの期待がいや増していたことだろう。そこには、間断なく打ち寄せる広い波と、果てしない水平線と、浜辺に点々と続く廃墟と化した軍事施設が見えただろう。

その海辺は歴史的風景を喚起するものだった。海辺の情景は、無限と廃墟の刻印された歴史感覚のようなものを、少年ヴィリリオにそれとは知らずとも、忘れがたく植えつけたのではないか。

ヴィリリオは、同じ「まえがき」で、それから一三年後の一九五八年の夏（ヴィリリオ二六歳）の海辺を思い出している。ある日、そのような構築物や、沖を望むなにもない空間に置き去りにされた「大西洋の壁」の廃墟に、謎めいた異様さを感じたと思われる。それは直近の過去の遺物であるとともに、おそらく近接する未来にもなりうるような、奇妙な感覚だっただろうか。

そのきっかけ、あるいはその発見（invention）——その語の考古学的意味においてであるが——は、一九五八年の夏、サン・ゲノレの南の海辺にいたときに起こった。私が背をもたせていたコンクリートのかたまりは、ついさきほどは更衣室代わりになっていたものだった。私は海水浴場でおなじみの遊びをあれこれやり尽くし、ヴァカンスの最中であるにしてもこれまでにないほど気持ちが空っぽ（vacant）になっていた。そして私の視線は大西洋の水平線に投げかけられ、サン・ゲノレの岩浜と南のギルヴィネックの港の防波堤の間の砂浜がすっかり目に入っていた。ほとんど人はいなかった。起伏のない水平線をひとわたり見やってから、われに返ると、私自身の体重、暑さ、私が寄りかかっている頑丈な背もたれに気づいた。この傾斜したコンクリートの塊、この無用の長物は、それまで第二次世界大戦の残骸としてしか、ひとつの歴史の挿絵、あの全体戦争の挿絵としてしか私の関心を惹くことのないものだったのだ。[2]

フランス北西部ブルターニュ地方の、大西洋に突き出た半島の先にあるサン・ゲノレの浜辺で、そのとき、ヴィリリオはふと、背もたれしているその灰色の重々しい巨塊を初めて見るようにぐるりと一周することを思いつく。そして狭い階段を降り、ジグザグの通路をめぐる。

私にとって一番印象的だったのは、すぐさま、内からも外からも押しつぶされそうになる感覚であった。上方を傾斜させているその壁は地中にはまり込み、その小さなブロックハウスを堅固な土台構造にしていた。砂丘は内部の空間に侵入しており、居場所の狭さは床の表面を覆っている砂の厚さによってさらに増していた。衣類や自転車が、物好きや盗人の目を逃れて、そこに散らばっていた。オブジェはその意味を変えてしまっていた。しかしながら、防御のはたらきは存続していた。

そこから次々に想起、連想される事柄は人類文化に関する私の興味を呼びさまし、私は夢中になっていた。すなわち、マスタバ〔古代エジプトの四角錐の墳墓〕、エトルリアの墓所、アステカの建造物……。この軽砲台（ouvrage d'artillerie légère）が埋葬儀式に同一化するかのように、トート機関が最終的に宗教的な空間しか構築できなかったかのように……(3)。

文中のブロックハウス（Blockhaus）は、原初的な木組み小屋・石組み小屋を意味する。この場合はコンクリート製である。それがなかば地中に埋もれていて「内からも外からも押しつぶされそうになる」とヴィリリオは語る。こうしてヴィリリオは、トーチカと埋葬建造物との相似性に思いをめぐらし、トーチカを考古学的に探究することに思いいたる。

私の目的は純粋に考古学的であった。私がこれらの灰色の形態《フォルム》を追跡したのは、ひとつには、それらが私にその形態の謎を教えてくれることを期待してであり、またひとつには以下のような疑問文に集約される謎が明かされることを期待したからである。すなわち、海辺の別荘にも譬えられるこれらの尋常ならざる建設物は、なぜ視線を通り抜けるのか、それとして目に止まりさえもしないのか？　埋葬の原型《アーキタイプ》と軍事建造物のこの類似性はなぜなのか。大洋を前にした、このただならぬ配置とは？　海洋の無限を前にした、この待ち受け態勢とは？(4)

ことの性質上、目立たないように、あるいは表面が偽装されもするこれらのトーチカ群が、注意深い視線には、逆説的に独特の存在感を発揮しているととらえざるをえない。それは通常の住居、居住空間とはまったく異なる種類のもののように思われている。

防空用のブロックハウスは、通常ではないもうひとつの生活様式を、現実というものの配慮に関するひとつの断絶を指し示していた。この青空は、かつては脅威に、砲撃のかすかな破裂音もまぶされた爆撃機の鈍い爆音に満ちていた。都市の住居と防空壕（abri）をこのように直接的に比較することは、慣れ親しんだ街中の建物と私が横断する港湾都市のふところにある廃トーチカを比較することは、ひとつの対決の力、二つの似ても似つかぬ現実の切り貼り《コラージュ》の力をもっていた。防空壕は私に人間の不安を語っていた。そして標準的なシステムの住居は、絶え間なく街を、都市を、都会的なものを再生産していた。

ブロックハウスはもともと人間的な形をしたもの（anthropomorphes）であり、その形象は、身体をかたどっていた。その居住単位は、その型の、つまりただひとつの同じ直角の平行六面体〔＝直方体〕の型の任意の反復にほかならない。沿岸の風景の窪みにいとも容易に身を隠す掩蔽砲台（casemate）はこの地では反感を買うものであったが、その近代性はそのシルエットの独創性からくるというよりも、周囲の建築的形態の極端なまでの凡庸さからくるものであった。その曲面の輪郭は、これら港湾地域においては、砂丘とそれに隣接する丘陵の湾曲の痕跡のように溶け込んでおり、特にこの自然らしさが眉をひそめさせたのである……。トーチカの顰蹙（scandale du *bunker*）である。[5]〔強調は原著者〕

ここで、“casemate”の語はイタリア語の“casamatta”（複数形 casematte）に由来する。“casamatta”は語源としてギリシア語の“khasmata”「開口部」にさかのぼるようだが、語の形がちょうど casa「家」＋matta（matto の女性形）「狂った」になるので、ヴィリリオにはそのイメージがあったかもしれない。このような掩蔽砲台《カズマート》、トーチカは、まさに〃狂った家〃であり、顰蹙を買うこととなるだろう。またブロックハウスは、先に触れたように木組み小屋・石組み小屋を意味し、建築的形態としては、原型的なもののひとつである。その形態は地下墳墓とトーチカの双方につながる。

この本来的に考古学的な断絶から、私は建築的なアーキタイプの問題を再検討したいと思うようになった。地下墳墓、櫃、舟形聖遺物入れ……。[6]

ヴィリリオは「まえがき」（一九七五年）の最後を、近代戦争のもたらしたトーチカという原型的建築内の、息苦しく不安な、地下冥界めぐりで閉じている。

奥の方へと侵入をつづけていくと、この構築物（ouvrage）の内部に接近戦防御のための、銃眼付き――ひとつは入り口に向けられ、もうひとつは側面に向けられている――のギザギザの通路システムが見出される。視界の広くない、小さな銃眼壁が張りめぐらされている。

そこから、差し迫った接近の動きを監視できるのだが、狭い空間のなかで天井が人の頭をかすめそうになる。押しつぶされそうな感覚はその構築物の外部をめぐって歩いても感じられるのであるが、内部ではいっそう強調される。おおかたのヴォリュームサイズは、通常の運動、身体の現実的な可動のためにはあまりに狭い。建物全体が、占有者の両肩にずっしり重くのしかかる。

ちょっとだけ大きすぎると感じる衣服が、それがあなたをくるむとその隙間の分だけあなたの着心地を悪くさせるように、コンクリートと鋼鉄の覆いは、その袖付けのところが窮屈で、病気の半痙攣にかなり近いひきつりによって、ともすればあなたを身動きできなくさせることになる。[7]足を踏み入れてしまったこの包まれ心地の悪い迷宮の圧迫感は、まだまだ続く。

身体的動作は緩慢になるが神経は張り詰め、自身の環境をめぐるもろもろの破局的な見込みに不安を感じながら、この危険地域の住人は、奇妙な重力によって気圧《けお》され、息苦しくなる。事実は、そもそも避難場の防護によって死を回避できるはずなのに、回避できるはずのその死後硬直を、彼はすでに全身に帯びているのである。[8]

そこは外界からの避難場所でもあるはずなのに、その防御のための開口部の狭さ、通路の狭さによって、閉所恐怖症に身が縮む、地下墳墓の悪夢、冥界迷宮のごとき不安を誘発せずにはおかない。ちなみにドイツ軍の構築したブンカーと呼ばれるトーチカ群にはそれぞれ名前、愛称が付けられていたようだ。ヴィリリオが挙げているところでは、バルバラ（Barbara）、カローラ（Karola）がある。いずれも女性の名である。避難場所としての母体回帰であるとともに、敵対する外部にたいしては恐ろしいメドゥーサ女神ともなる。しかし、その身を匿うはずの子宮が、ときにはその狭い産道をくぐり抜けねば生命の保全が危うくなるような、外側からも内側からも締め付ける、死後硬直のごとき緊張を強いるものとなる。生と死の緊張と不安の両義性が、そこに凝縮されて経験されると言ってよい。

2　本文構成

さて、以上の「まえがき」を含め、『トーチカの考古学』（*Bunker Archéologie*）の構成は以下のようになっている。

付　録　戦時指令
あとがき
索　引
書　誌

本文についてであるが、「軍事的空間」の章では、ヴィリリオではその後おなじみになる「速度」(vitesse)、「収縮」(contraction)、「ミニチュア化」(miniaturisation)などの概念がすでに出てきている。「速度」は、道路の整備と直線性など、古代の植民地開発から現代の高速道路にいたるまで、領土的な整備統合、国家や帝国運営において当初より基本的原理となっているというヴィリリオの主張が早くもここに見られる。権力と支配の維持のためには、最新速度の移動手段と通信手段と最速の破壊兵器を手の内に入れることがアドヴァンテージになることはおのずと了解されよう。

また陸・海・空の軍事的様態は、以前と較べて大きく変貌している。その規模の量的増大というよりも、「〈運搬移動‐兵器〉の収縮と、システムのサイバネティクス化、軍事的機器類の量的縮小化、すなわちミニチュア化」[9]〔強調は原著者〕が鍵となる。このように、「軍事的空間は現在、根本的変換を余儀なくされている」。「空間の征服」は、もはや過去のように人間居住地の領土的・地理的征服というよりも、「地理的現実とはもはや遠い関係しかもたないような、オリジナルな連続体の創成」である。

すなわち、「戦士」は、「同時に核物理学の無限小と天体間の無限大のなかで」活動するのである。「要塞」の章では、先述の「大西洋の壁」を建設したナチスドイツの土木技師・軍需大臣フリッツ・トートによる軍事的人員動員の目的は、物理的防御ライン形成のためのみではなかったことにも言及されている。すなわち、すでに空襲に見舞われていた占領地域の住民に、連合軍の上陸にたいして防御の態勢をとらせ、国土防衛の務めを意識させる「心理的・政治的必然性[10]」に結びついていたのである。

一九四三〜四四年には、各家庭の庭や集合住宅の中庭に塹壕や防空壕を掘ることが勧められていた。あたかもパリがすでに破壊されているような合成写真を流布して、防御ラインが突破されたときの破壊の猛威と恐怖を沿岸地方の住民に植え付けようとしたという。[11] そのプロパガンダがどの程度浸透したかは別にしても、地域住民の意識としては、空から爆弾が地上に投下され、ドーバー海峡の彼方から連合軍が押し寄せようとする圧力のなかで、地面の下、地中にともかくも身の安全の場所の確保を求めたであろうことは想像に難くない。

ナチスドイツの支配の及ぶヨーロッパでは、「大西洋の壁」はイギリスに対峙する「ヨーロッパ要塞」とも呼ばれていたが、要塞はこのように占領者と非占領者を一体化するような「相当の心理的価値[12]」(歴史家R‐G・ノベクールのことば)をもっていたのである。

「モノリス」の章では、まず〃ブンカー〃と呼ばれるトーチカが近代的なモノリス(一枚岩)的建築の非常に稀な事例であることが指摘される。そして当時の戦火の環境は、「人工的気候」環境とみなすことができ、それが「汚染」、「飽和」、「生態学的不均衡[13]」など、二〇世紀後半に問題となる環境問題のプロトタイプとなると述べる。トート機関は、「大西洋の壁」だけを構築したのではなく、一般住民の無数の防空壕を敷設せしめたのであり、「居住不能となった地表から離れて生き延びるために、ひとつの社会がまるごと地中にもぐる[14]」のであった。

トーチカにもどるが、それは、兵器・弾薬の集積所であるとともに、監視室、銃砲の操縦室でもある。それが通常の建築とは異なる「人類学的特徴」である。そこには「兵器の機能と、眼の機能とのあいだの緊密な関係[15]」がある。そのような武力・知覚装置であるため、敵対する外界の眼をのがれること、攻撃等の衝撃にたいする耐性をもつことが要件となる。そのため、地中にもぐりこむようにして、最小限の開口部をもつ上部のみ顔を出すような佇まいが一般的であろう。偵察機や海上から目につかないようにされている。地形になじむかたちで設計され、ペンキや木枝や藁などでも偽装されている。防御のためであるが、流体力学に沿うように流線型が多く用いられる。そのため、風景という背景（地）にかろうじて浮き立つ図柄（図）というよりも、外に向けられた回転式の銃座がぐるりと戻るときに開口部が閉じられるように、施設そのものがシステムとして背景（地）化することもある。

大西洋の壁となるこうしトーチカ群は、こうして「現前しつつ、かつ不在の神話[16]」となる。「透明で開放的な市民的建築にとっては嫌悪の対象」として立ち現われつつ身を隠す。「新しい要塞（forteresse）

の本質は他所にあるということであり、今後目には見えずに、私たちの足元の下にあるかぎりで」、不在となるトーチカは、「西洋の軍事的歴史における、ひとつの勝負の終わりの最後の演劇的ふるまい[17]」をなしたあと、大戦後はこの浜辺で、失われた空間の抜け殻として置き去りにされるとヴィリリオは語る。隠蔽的装置そのものが掻き消され、忘却されようとしているのである。

それ以降の記載章については、「「大西洋の壁」の軍事施設の類型論」は、文字通り、多様な防御的構築施設の形態の分類が示され、「アルバート・シュペーア」は、ナチスドイツの建築家で、トートの後の軍需大臣のシュペーアの事業について論じたものである。「地図作成法」は、ノルマンディー地方の軍事施設配置図（当時では、最高機密であったにちがいない）などを載せ、「付録　戦時指令」はヒトラーの指令書などを収録している。

以上、一九七五年刊の『トーチカの考古学』には、トーチカの建築学的原型性はもとより、速度論や軍事システム・装置の変容とそれにともなう空間の変様、環境汚染などヴィリリオの後年の思想の萌芽が見られる。言うまでもないが、この時点ではまだ到来しておらず、現実に起こっていなかったのは、スリーマイル島原子力発電所事故（一九七九年）、チェルノブイリ原子力発電所事故（一九八六年）、そして9・11同時多発テロ（二〇〇一年）等である。

さて本書が最初に刊行されてから三〇年余り経ったとき、ヴィリリオはこの書をどのように振り返っているのだろうか。

3 『トーチカの考古学』（二〇〇八年）「あとがき」について

最初に触れたように、三〇年以上経ったガリレー出版の二〇〇八年版には、新たに「あとがき」が添えられている。それを以下、紹介しておこう。

あとがき

堅固な住まいである、その鉄筋コンクリートの一枚岩《モノリス》は、避難場所や「要塞」というよりも、人類史における囲い込みの完全な象徴《シンボル》である。

核シェルターとして、あるいは放射能にたいして遮蔽壁か、さらにはチェルノブイリのようにコンクリート製の石棺かによって防御された原子力発電所の「退却室」として、その地下墳墓的な建築物は、二一世紀を展望しつつも、二〇世紀にきっぱりとその痕跡をとどめるものとなっているると言えるだろう。それは、私たちの狭い惑星における距離というものの時間的圧縮を前にして、生態的な避難場所の欠如のしるしともなっていることだろう。この地球上では、汚染された《自然》（NATURE）の温暖化による温室効果が、《実物大》（GRANDEUR NATURE）のもろもろの尺度の、感知されない圧搾効果によって倍加しているのである。生物多様性のみならず、かつては巨大であった大地の広さの地理多様性をもまったく同じ程度に消尽する、現実の加速をともなっているからだ。そこから、なんらかの《大地‐殺戮》（GEO-CIDE）（ミシェル・ドゥギー）という前代未聞の予測すら生じ、それが明日には、遠慮のない反‐自然的な刷新をともないつつ、過去のあれらの《大虐殺》（GENO-CIDE）のバトンを受け継ぐのかもしれない。その予測においては、《反物質》がそのエネルギーとなっていて、それを前にしては、いかなる防御もいかなる実効性のある避難場所もありえないというものだ。

　建設構造的思考にとっては手に負えない災厄の「危険のモニュメント」として、その《ブロックハウス》（BLOCKHAUS）は、こうして「いっさいの希望に反する鬼っこ」の象徴的な形象となったのだ。もはやなにかの技量《ノウハウ》の偶発的展開でしかない、技術的であるが露ほども倫理的ではないような成功の過剰によって、良心のみならず意味も剥奪されてしまっている科学の魔力に直面しているのであり、その技量《ノウハウ》にたいしてはいかなる物理的な物質も抵抗できず、またいかなる地球物理学的な距離も無傷のままではいられないという事態である。

　生物圏の真ん中で、現世の獲得知識の汚染。カール・ポパーが、《進歩》に夢中になっている科学者たちに、彼の名高い「反証可能性の原理」を何としてもと提示したときにはまだ保持されていたなんらかの科学的懐疑にたいして、その《検屍》（POST-MORTEM）の勝利。もう片方の倫理的責任の原理については、もうだれも語らない。

今日、生態学が私たちにこれほどまでに露骨に《進歩》という拘禁状態を、人類史がその犠牲となっているこの「大監禁」（フーコー）を露わにしているときに、建設構造的な思考には、この建築オブジェ、この《ブンカー》（BUNKER）〔と呼ばれるトーチカ群〕を除いて、いったい何が残っているだろうか。そのどっしりとした厚みある量塊は、昔のように爆破（explosifs）にたいして持ち堪えるためというよりも、今回はとくに内破（implosif）がその原因となるような脅威を私たちに告げようとしているのである。すなわち、まったくの無あるいはほとんど無に帰した地球惑星上において、かつて進歩主義者たちが私たちに語っていた「歴史の未来主義〔＝未来派〕」のバトンを受け継ぎもするであろう、なにがしかの瞬間性の未来主義による、時間的距離の不可避的な収縮という脅威である。

《壁》（le MUR）が歴史の地平を塞ぎに新たに立ちもどってくるまさにそのときに、《大西洋》（l'ATLANTIQUE）の要塞の幻影が、そのあらゆる荒廃的なイロニーにおいて、再び立ち現われるのである。

ポール・ヴィリリオ

二〇〇八年三月(18)

コンクリート製のモノリスは、人類の「囲い込み」のシンボルであるとヴィリリオは言う。チェルノブイリの「石棺」を連想させる、原子力発電所の「退却室」は、まさしく地下墳墓的である。その「石棺」に納められたかに見なされているのは、荒ぶる核エネルギーの手に負えない過剰であり、おそるおそる核シェルターに閉じこもるのは、居場所のない人間であろうと言う意味でも象徴的である。なお、ギリシア神話の大地女神ガイアの死を連想させる「大地‐殺戮」を語るのは、パリ第八大学フランス文学教授で詩人でもあるミシェル・ドゥギーである。

また"implosion"には、「内破」、「爆縮」の意味がある。プルトニウムなど核分裂反応を起こすために、球形爆弾の内部圧力を高圧化するという意味である。ここでは、シェルターの内部で拘禁状態の精神的圧迫により異状をきたすことと、おそらく人間の身体の内部が内部被爆することも意味しうるだろう。また、速度世界において地球が相対的に小さくなって、そのなかで、人は拘禁状態にあるような息苦しさを感じるとすれば、それは、同様に縮小圧迫された地球内の「内破」となるだろう。そして新たな「壁」とは、「私たちの狭い惑星における距離というものの時間的圧縮」という、今日の速度世界の「壁」である。速度世界のなかにあるということは、移動が猛然たるスピードでおこなわれるということであり、猛スピードで走る車が田園風景のなかの平穏そのものの樹木に誤って接触すると、それが「壁」となって大破するように、触れるものすべてが「壁」となるということでもある。

この「大監禁」の時代にあって、建築構造的思考にはこのようなトーチカしかないとヴィリリオは語る。防御されているかに見えて、しかしそれは閉所である。囲い、匿いであるかに見えて、しかし監禁に相即している。墳墓に似ることは、当然なのか、逆説的なのか。それは生と死の逆説なのか、近接なのか、裏表なのか。こうした問いをヴィリリオは私たちに投げかけている。序章で述べたように、機器・機械には利器（解体、細断、破砕）と容器があり、トーチカは銃砲（利器）と望遠装置（視覚装置）を備えた容器であるが、それは人間活動においては、兵器としてはもちろんシェルターとしても不十分な閉所である。それは、密閉、圧迫としての、棺、墳墓、埋葬、そして忘却にかぎりなく近接しているのではないか。まさに皮肉にも〝海辺の墓地〟なのであろうか。

注

（1） *Bunker Archéologie*（『トーチカの考古学』）, Galilée, 2008, p. 13. 本書は、一九七五年初版であるが、二〇〇八年に改版された。以下、二〇〇八年のガリレー版のページを記す。
（2） ibid., p. 15.
（3） ibid., pp. 15-16.
（4） ibid., p. 16.
（5） ibid., pp. 18-19.
（6） ibid., p. 20.
（7） ibid., p. 22.
（8） ibid., p. 23.
（9） ibid., p. 27.
（10） ibid., p. 39.
（11） ibid., p. 39.
（12） ibid., p. 39.
（13） ibid., p. 49.
（14） ibid., p. 53.
（15） ibid., p. 59.
（16） ibid., p. 63.
（17） ibid., p. 63.

(18) ibid., pp. 115-116.

第二章　走行圏世界——速度機械

私たちはともすると、静止している大地の上でそれなりに慣れ親しんだ街並みに人々が居を構え、職場や学校へ通うために駅までの往来を徒歩やバスで行き来し、その道筋には乗用車や物流のトラックが通り、電車は駅で停止し、そして出て行くように思い描きがちである。もちろん日常生活ではそれでなんの支障もなく問題はないのだが、かなり一面的なとらえ方であると言うこともできる。そもそも大地は静止しているわけではない。大仰な言い方をすれば、地球は太陽のまわりを公転し、日周運動の自転もする。またその太陽も静止しているわけではない。銀河系宇宙の中心にたいして太陽系は相当な速さでなんらかの周回運動をなし、したがってそれにつれて一惑星の地球も相当な速さで運動、移動しているとされる。その銀河系も、アンドロメダ星雲など他の星雲にたいして相対的に運動しているとみなされる。

このように、宇宙の星々はすべてが大小の星雲、星団をなして、そしてそのなかで、互いに相対的に動いていると考えられる。そのような相対的な速度の世界のなかに、私たちはあるわけである。してみれば、どんなものも、速度と動きによって構成される相対的な世界のなかの一部分として、応分に運動するその領分や圏域をともなって、あるいはそのなかに紛れて存在すると考えてみるのは、それなりに理に適っている。

すなわち、静止しているのが常態で、ときたま移動、運動するのではなく、もっぱら運動している（それにも変化はあろうが）のが常態で、ときたま静止しているように見えると考えてみたらどうか、ということである。しかも、エレベーターに人が乗っている例のように、エレベーター内というひとつの系のなかでは人は静止しているように見えても、そのエレベーターを収容する建物の系からは上下運動して見えている、という場合も少なからずあることを忘れないでおこう。

このような相対速度の走行圏を考えてみると、ヴィリリオの言うような、ドロモスフェール（dromosphère）〔走行圏。dromo-は「走ること」の意〕の概念が役に立つと思われる。走行領域ないしは走行圏の創出、それらを自在に操る権能、その能力の活用、維持、顕示、威圧が、有史以来、政治・経済・軍事等の権力の掌握につながっているのではないかと考える。そのようなドロモクラシー（dromocratie）〔走行体制〕社会においては、走行体制のコントロールの能力あるいはその掌握が問題となる。

以下、歴史的な概観をするまえに、このような「走行」領域のイメージについては、身近な例として、サッカーの試合の攻防を思い描くのもいいのではないかと思う。互いに向き合って入り混じった両チームによる不定形な全体運動を思い描いてみよう。ピッチの上での各選手やボールのばらばらの運動ではなく、チームの連携運動は緩急も含めてそれはひとつのアメーバー状の走行領域《ドロモスフェール》をなす。しかも走っているプレイヤー自身の目に映る流動的運動状況を想像していただきたい。その走行領域全体のアメーバー状の運動が、プレイヤーの緩急の速度と、それに較べて高速度のボールの運動があいまって弾けるように連携的に運動して、相手チームのゴールを目指すとき、それはヴィリリオの言う「ドロモクラシー（走行体制）」の原基としてみることもできよう。この場合は、不断に運動するふたつの向き合った走行体制の攻防である。

1　速度と走行体制

思いおこしてみれば、人類の歴史においてすばやさ、迅速さは、遠く狩猟時代より、いざ行動のときには機敏な連携動作も含めて不可欠なものであったにちがいない。ゆったりと流れる時間も多かったと思われるが、旧石器時代においても、生存に必須の狩猟活動の際は、機を逸しない俊敏な行動が求められたことだろう。やがて農耕、牧畜の時代ともなれば、定住生活と食糧の備蓄がなされるようになり、集落・村落の維持と周辺の部族との交流、対立において、戦闘能力や部隊の移動のみならず、それにともなう物資の調達、情報伝達にかかわる速度は、ますます重要、否、優劣の帰趨を決める決定的な要素になっていたであろう。

古くは古代アッシリアの騎兵・戦車部隊の疾駆やアテネの軍船の活躍でも知られているように、機動力つまり速度は、その領域を支配する政治権力と不可分である。前者は騎兵・戦車の疾駆する道路を整備し、駅伝制をしいて典型的な専制政治をおこない、メソポタミア・エジプトにまたがる最初の世界帝国を形成した。後者ではペルシア戦争において、アテネ海軍の主役、三段櫂船が、猛スピードで舳先を敵船に向けて突入し大破させる戦法でサラミスの海戦を勝利に導いた。その漕ぎ手集団として活躍したのがアテネの無産市民である。戦後、彼らの発言力は増し、アテネの政治に相応に参加することになったと言われる。まさに速度の帰趨をにぎる漕ぎ手たちの活躍が権力への道につながっていたのである。

このように迅速性の担い手の躍進は、速度と政治の関係を証明する。停まっている軍隊、例えば補給路を断たれた師団、凍結した軍港の艦隊は軍隊ではない。張り子の虎、化石の竜である。必要な場面に急行する機動性こそ実効的な軍事力の証しであるし、そのことによって権力の実効性もはかられる。有効にはたらく場合は膨大な領土も海域も、権力者には、自在に伸び縮みする慣れ親しんだ庭や池となる。

この事情は基本的には近代でも変わらなかった。『速度と政治』(一九七七年)にあるように、フランス革命期においては、都市における群集のエネルギーが問題となった。大衆とは単なる民衆ではない、移動する大群である。ここでも静止はない。それは集団の歩行の速度であるが、街路にひしめき武器を携えて移動する大衆の運動エネルギーは「革命の力学」となって行進し、やがて街道上に解き放たれ、国境を越えて進軍する。ポテンシャルとしての運動量MV、あるいは運動エネルギー1/2mv²の増大と考えていいだろう。

さて、そのとき支援体制を整えるためには、「ロジスティック」が必要である。通常、兵站《へいたん》術と訳されるが、計算（ロゴス）すること、つまり〃按配〃することである。軍事物資を補給する態勢・経路を整えるだけではなく、それらの大量の物資を生産する態勢を整えることでもある。ここでも生産の量とそれに関する速度が問題となる。つまり軍事プロレタリアートと産業プロレタリアートの編成である。それらは機能的分類であるが、いずれもまさに速度の生産に従事するのである。前線の破壊、侵攻の作戦組織だけでなく、また後方の物資支援システムだけでもなく、さらにそれらの産出システムそのものが「戦争機械」として作動すると言えようか。したがって、その戦争機械の能力を低下させるためには、前線での戦闘だけではなく、工業生産能力への打撃や、補給システム・経路の寸断などを戦略的に企てるのは見やすい道理である。ちなみに、近代戦において、後方の工場が〃銃後〃として、また補給の中継点が前線からの遠隔地として、それぞれ相対的に安全であるなどということは成り立ちえないのである。

2　走行術的進歩

一九世紀初頭のイギリスの戯画に、地球の形をした大きなプリンを前にして、ナポレオンとイギリスのピット首相が、サーベルで豪快に分け前を切り取ろうとしている様子が描かれているという。(1) それによるとフランスは大陸を占有とし、イギリスは海洋を領分としている。これは戯画作者の意図はどうあれ、スペインとポルトガルが地球を東西に二分したなんとも乱暴なトルデシリャス条約（一四九四年）と較べても、もっと極端に走っている。同じ地上で争わないために、陸と海で棲み分けるという算段。これでめでたしめでたしという手前勝手な能天気というのが、英国戯画作者の意図だったのかどうかわからないが、これは、案外奥深い真実を突いているのかもしれない。

周知のように、近代史において、軍事的、商業的に海洋での優位を掌握したのは、一七世紀のオランダから、一八・一九世紀のイギリス、そして二〇世紀はアメリカである。

地上の戦場という空間－時間的な限界において絶え間なく身を投じ消耗する大陸の敵に、戦うことなく勝利するのは周知のように、イギリスの壮挙である。ナポレオンもヒトラーも、現存艦隊の兵力によって敗北を喫することになる。海洋の艦隊は、〔陸上と比べて〕戦闘状態に接近しがたいことから、敵に発見されたらすぐに攻撃し敵と味方の距離を縮めなければならないという割に合わない原則を打ち捨てることによって、勝利を導き出すのである。現存艦隊とは、見えない船団の移動術としての戦略を申し分なく体現している兵站術（*logistique*）である。[2]〔強調は原著者〕

「見えない船団」は神出鬼没であり、したがって広い海洋に常在しているのとほとんど同じ効果をもつ。いつでもどこでも出現し敵を攻撃し、いずこと知れず姿を消す。海洋は全面的に非安全海域となり、いつ出没するかわからない敵船にたいして、攻撃の的を絞ることができない。それだけの船舶の性能を有している。まさに確率論的遍在である。敵方が海軍の主力を投入して、かりに遭遇するとしても、小規模の砲撃戦のみ交えて迂回して本格的戦闘を避けることもできるだろう。もちろん、情報把握や伝達の迅速性も必須な状況である。

〔……〕この種の資本主義の原理は、水陸両生となって、全面戦争を海洋と植民地に適用し、文字通り「不動の大きな機械」から「機動性の機械」に飛び移り、七つの海をひとつの「広大な兵站のキャンプ」とし、背後に、海洋船舶の運行に従事するプロレタリア、すなわち戦闘の際はまさしく戦闘機械の動力として、またアクセルとして登場する漕ぎ手のプロレタリアを引き連れているのである。[3]

さらに二〇世紀に入ると、「海洋への権利」が「大気圏への権利」に拡張され、空にも適用されることになる。空母を含む艦隊と飛行機の三次元的な運動体の連携速度が、地上と空中に複合的な走行領域をなして展開されることになるのは、周知の通りである。

3　走行体制社会

「革命は民衆よりも速く進む」と、ポルトガル事件〔一九二六年のクーデタ〕の始めにゴメス・ダ・コスタ将軍は断言していたという。どうしてこのようなことが可能なのか。いわゆる西洋の革命の成就は、結局、一般民衆の出来事というよりも軍事的機関の作動、すなわち戦争機械のなせるわざであるというのがヴィリリオの見解である。

経済的リベラリズムとは、侵入の速度の次元での、自由な多元主義にほかならなかった。袋小路で身動きのとれないブルジョワジーという重たいモデルにたいして、そして重苦しいマルクス主義的動員の唯一の図式（財産、人員、諸観念の移動・運動のこれみよがしの計画化された統制）にたいして、西洋は長いあいだ、その人的動員や物流に関するヒエラルキーの多様性と、自動車や運搬や映画製作や諸性能向上に投資される国家の富のユートピアとを対置してきたのである……。[4]

軍事と産業が一体化して、情報と交通と物流を操作する走行体制によって、西洋は、「ジェット機族と瞬間的な情報のバンクと化したような資本主義」を促進しつつ、現代社会の全体的世界イメージを形成しながら、それをコントロールし、隅々まで冷戦の戦略を適用してきた。

見誤らないようにしよう。ドロップアウト、ビート・ジェネレーション、カー・ドライバー、移民労働者、旅行者、オリンピック選手、旅行代理業者等々に関して、軍事－産業的デモクラシーは、そのあらゆる社会的カテゴリーを無差別的に速度の次元での無名戦士に仕立て上げるすべを知っていたのである。しかも国家（参謀本部）が、それらの速度のヒエラルキーを、歩行者からロケットまで、新陳代謝から工学技術まで、毎日よりいっそう巧みに統制してゆくのだ。一九六〇年代において、金持ちのアメリカ人が自分の社会的成功を証明したいと思ったとき、彼は「もっとも大きなアメリカ車」を買いはせずに、より速く加速もスムーズな「小さなヨーロッパ車」を買ったものである。成功するということは、より大きな速度の力能に達するということ、公民的な社会生活習慣の一体性から脱している気分に浸ることである。[5]〔強調は原著者〕

走行体制社会におけるそれぞれの種族・階層の速度を、ヒエラルキーに応じてコントロールしつつつ、各人には主観的には相応に自由に行動していると思わせつつ、速度社会の「無名戦士」として走行させる。そして社会的成功者は、速度の優越的差異、P・ブルデューのことばを借りれば〝ディスタンクシオン〟を求めるだろう。このような走行体制により、おのずから空間的距離は短縮し、空間の否定につながっていく。

距離の収縮は、計り知れない経済的政治的影響をもたらす戦略的な現実となっている。なぜなら、それは空間の否定につながるからである。《時間》稼ぎをするために戦地で相手の勢いを受け流すという、昨日には有効だった軍事行動は、意味をまったく失っている。現在、《時間》稼ぎ〔＝掌握〕はもっぱらミサイルなどの飛翔体《ヴェクトゥール》（vecteurs）の仕事であり、領土は投下爆弾のためにその意味を失ってしまった。実際、速度という非‐場所の戦略的な価値が、決定的に場所の価値に取って代わったのだ。そして、《時間》の所有という問題が、領土の占有という問題と入れ替わってしまった。アルフレート・ヴェーゲナーによって記述された地殻移動に似ているこの地理的圧縮において、「移動‐火器」という二項式は、新しい意味をもつことになる。火器の破壊力と、軍隊移動や車両の侵入力とのあいだの区別は、その〔意味上の〕「価値」を失う傾向にある。超音速の飛翔体《ヴェクトゥール》（飛行機、ロケット、レーザー光）とともに、侵入と破壊は区別がつかなくなり、遠隔からの作戦の瞬間性は、襲撃された敵の敗北に帰着するが、それのみならず、とりわけ戦場としての、距離としての、物質としての世界の敗退が露呈する。[6]〔強調は原著者〕

ナポレオンの時代のように、対峙し合う陣営において隊列を組んで銃砲で攻撃しつつ、相手の退却を確認しては隊列を進めるかたち、あるいはその逆のような、相互の走行領域のせめぎ合いにおける、火器の戦い、それに続く車馬・歩兵の移動という戦闘ルールはどうやら意味をなさなくなっている。つまり、戦場という空間の陣取り合戦ではないということだろう。遠隔からのミサイル爆撃やロケット砲の破壊力は甚大で、瞬時に帰趨を決する。破壊は、即その地点の戦略的壊滅であり、敵方の走行領域の打撃、寸断、機能不全化であり、事実上、侵入に等しくなるということだろう。今日では、さらにドローン（無人飛行体）による監視、爆撃もある。

地理的な局在化は、その戦略的な価値を決定的に失ってしまっているように思われる。反対に、そのまさしく戦略的価値は、飛翔体（*vecteur*）の脱局地化に付与される。絶え間なく移動している点が肝腎である。それが空中であろうと宇宙空間であろうと、海中であろうと地中であろうと構いはしない。運動体の速度とそのコースの探知不可能性が肝腎なのだ。[7]〔強調は原著者〕

こうして、「地理的な局在化」は戦略的な意味をなさなくなり、むしろ、地理的に局在していないことが重要になる。地中、空中、水中、大気圏外などどこでも居場所を特定されないかたちで遊動する核兵器搭載の移動物体が、戦略的に最重要であり、その走行圏の仮想爆撃対象のトポロジカルな速度地図のみが〃決定的〃なのである。

このように、構成的な地理的空間は、その距離関係が無意味化され、空間がないがしろにされ、くしゃくしゃにされることになる。この様相は、当然のことながら生存環境の軽視、汚染、破壊にもつながるだろう。

4　環境破壊、走行環境汚染

地理的距離やその配置バランスが無効になる事態を、ヴィリリオは、自然環境破壊以上に、過剰な「速度」による環境破壊と考えていて、『民衆防衛とエコロジー闘争』において、その点を問題化している。

この書がフランスで発刊されたのは、一九七八年である。当時の大統領はポンピドゥーの後を継いだ、テクノクラートで知られるジスカールデスタンであった。フランス国内世論は、ハートは左、財布は右と揶揄されていたように右派と左派でほぼ二分されていた。国際的には、パレスチナ難民問題は喫緊の課題であり続け、イランでは親米のパフラヴィー朝崩壊前夜であった。ダッカ・ハイジャック事件があったのはこの前年であり、当時の福田赳夫首相の超法規的措置は今日から見れば隔世の感がある。翌年にはテヘランのアメリカ大使館占拠事件、その冬にはソ連のアフガニスタン侵攻があった。このように見てくると、当時の状況が根本的に収拾してはおらず、今日の世界状況に直結していることが、否、事態はより悪化の様相を呈していることがわかる。

さて、ヴィリリオは本文において、軍事、戦争というものをまず広範に絡み合うシステムとして考察している。それは実際に起きる戦争に限らず、兵站学的《ロジスティック》戦争であり、「日常のなかに永続する軍事的審級そのもの」である。それは、核兵器を含む兵備体制がその全容を隠しつつも厳に現存する軍事的緊張関係のなかで、核抑止による「恐怖の均衡」が、「平和共存」の名のもとに果てしない綱引きを遂行させる、余計な介在物のない軍事力学というべき「純粋戦争」なのである。そのなかでの支配関係は、狩猟者と家畜の関係になぞらえられる。狩猟者が獲物を飼いならし骨抜きにして従順な家畜とするように、軍事システムは、民衆を家畜化する。さまざまな監視のシステムも含めて、「純粋な力の永続的メカニズム」(8)〔強調は原著者〕としてはたらいているとされる。

後半では民衆の抵抗とエコロジー闘争が扱われるが、ヴィリリオにあっては、エコロジーの意味は独特である。もちろんフランスは農業国であり、生態環境や環境汚染の問題にもかかわるが、それだけに限られない。そもそも、過剰な速度に支配される環境にあって、その弊害による〝汚染〟もあるというのが彼の考えである。そして、当然のことながら農業そのものも機械化・システム化しており、速度の支配下にあることになる。
そこで、土地と生活圏防衛が問題となるが、それは歴史的にどんどん圧迫されている。典型的な例として一九六〇〜七〇年代のヴェトナムでは、民衆防衛の方策の選択範囲は密林や夜の活動などにせばめられていた。そしてダッカ（一九七七年九月二八日、バングラディシュのダッカ空港における日本赤軍による日航機ハイジャック事件）に続くモガディシオ事件（一九七七年一〇月一七日スペイン発のドイツ航空会社ルフトハンザ機が、銃で武装したパレスチナアラブ人によりハイジャックされ、ソマリアのモガディシオ空港に着陸した事件）にいたって、土地を奪われたパレスチナ難民の一部はもはや「民衆防衛」もならず、ハイジャックのコマンドとして「自殺的となった民衆の攻撃」[9]〔強調は原著者〕となり、最後の〝領土〟たる空港で制圧される。

またフランス国内などの一見平穏な農地も、目に見えないメディアと軍事のネットワークで覆われ、「脱局在化」した速度権力に支配されている。フランスが原子力発電大国であることも忘れてはならないだろう。こうして生活圏は脅かされ、民衆の暮らしも翻弄されるという意味で「脱局在化」を余儀なくされると考えられる。

ヴィリリオによるこのような冷戦末期の分析は、当時の揺動する状況であるからこそ露呈しうる力線を示し、今日ソフトにカバーされ、そらされている分断状況を、あらためて知らしめる。速度優先、速度権力社会の矛盾による惨状である。すなわち、「亀裂はもはや右と左のあいだ」ではなく、「世界的な規模で、一般市民と軍事的な技術 - 構造の代表者のあいだに位置している[10]」のである。諸構造の力からはみ出るもの、人々の行き場のなさは、非合法的活動、不法移民というかたちで匿名的に現象し、自爆による無差別殺人の常態化のように人々の顔がますます見えなくなってきている。強調すべきは、一九七八年の時点ですでに以上のように示されていたヴィリリオの着眼は、二一世紀において、世界各国における社会の分断、アフリカ・中東からヨーロッパへの難民の液状化的流浪など、ますます顕在化しているのではないか、という点である。今日の「亀裂」を見据え、軍事 - 警察化の度合いを増す今日の世界と日本を考察するためにも、なお思考の下絵として資するところ少なからぬと言うべきである。

5 「空隙」としての「反 - 形態」

ヴィリリオは、「私はゲシュタルト理論の信奉者でした。メルロ゠ポンティの自由聴講生でもありました[11]」と語っているように、『知覚の現象学』などを背景に、知覚は彼にとって世界把握の問題だったと言えよう。都市に暮らす人々にとっては、建物が立ち並ぶ向こうに空が見え隠れし、手前の道端のあちこちに人々の姿と動きが浮き立つように知覚される。しかし、そのように知覚される世界を「裏がえし」に見ながら生きること、それが自分の試みであったとヴィリリオは『ネガティヴ・ホライズン』(*L'Horizon négatif*) の「緒言」で語っている。この書の刊行は一九八四年であるが、当時において速度と電信の工学技術的環境の大枠はすでに定まっていたと言えること、また、以下の「緒言」にあるようなヴィリリオの思考のエッセンスに触れることができる点において、ときに難解に思えるその思想をたどるうえで注目に値する。

「緒言」において、ヴィリリオは都市風景の細部や余白に目を凝らす。私たちは普段、「世界をばらばらになった物体や事物が不連続に配置されたものとしてしか知覚しない」。しかし、そのように配置された諸形象を反転してみると「間隙」が意識される。それは豊かで多様な「反形態」を展開しうる。ヴィリリオは「切りこみを入れられた奇妙な形象」、「刳《く》り形」とも言っている。その発見の経緯は、一般に二義的なもの、周縁的なものと見なされる事象、そして空虚や不在に自分が関心をもちつづけてきたことにかかわるとヴィリリオは言う。それに続く彼の説明に耳を傾けてみよう。

> こんな風にして絵画について何年も考えていたあるとき、私のものの見方に突然変化がおこった。とりたてて価値のない物体に向かっていた私の視線であるが、その傍らにあるもの、そのすぐ脇にあるものに横滑りしたのだ。平凡な物体が特別な物体に変化したということではないし、「変容《トランスフィギュラシオン》」があったわけでもない。もっと重要ななにかがおこったのだ。突然、私の眼前にあたらしいオブジェが出現した。切りとられ、切りこみを入れられた奇妙な形象の構成の全体が突然、目に見えるようになった。新しく観察されたオブジェはもはや平凡なもの、どうでもよい

もの、無意味なものではなかった。それはまったく逆に、極度に多様であった。それはいたるところに存在していた。すべての空間、すべての世界が新しい形象で充満した。それはほんの小さな形の片隅にもひそんでいた。私のまわりで未知の植物が突然、繁殖しはじめたみたいだった。とりたてて価値のない製品が、非常な複雑さをもったオブジェの瞬間的な出現を誘発した。事物の配置が新しいエキゾチックな形態をうみだしていた。ありきたりの幾何学に慣れてしまっていたために、明らかに存在するにもかかわらず、私たちには見えていなかった形態が出現した。私たちは円や球や立方体や正方形は完全に知覚することができるが、事物や人間のあいだの間隙やすきまを知覚するにはずっと多くの困難を感じる。物体によって切りとられ、形態によって型どりされた間隙というこの輪郭の存在に私たちは気がつかない……[12]。

このように、通常、形として浮かび上がるものどうしのあいだのすきまが、反転した形態（反－形態）として目に入る経験、図と図の間の地としてまったく控えめであった空隙が突如、凹みが逆に突出して凸になるような知覚経験が語られる。このような発見には、見慣れたナントの街並みや風景が、突然の空襲によってぽっかりあいた穴のように感じられた少年時代の経験もいくぶん影を落としているにちがいない。ヴィリリオは続ける。

しかし私は、この間隔の存在に気がついて以来、突然、豊かな世界のただなかに自分がいることに気づいた。自分が砂漠のなかにいるという感じは消えて、それ以後は、目をあけるたびに、現代がつくりだす事物の形態的凡庸さをながめることも、またその傍らにある、すぐそばにある反‐形態の豊かさをあじわうことも自在にできるようになった。左に右に移動するだけで、事物はその度に新奇なものに変容していった。製造された事物はシンメトリックにつくられているからその効果により観察者が移動しても見えかたはほとんど変化しない。観察者が遠ざかると事物が小さく見えるのを除いては。それにたいして間隙は観察主体が移動するにつれ、たえまなく変形する。私がここから見る形は私がここにいるこの短い一瞬においてしか有効ではなく、やがて私は別な形を、どんなものになるかまだ予想できない意外な形を目にするだろう。実際、この「切りぬき」の地理学はまさに縮図旅行の驚きと発見を私にあたえてくれた。水たまりのような形をしたこの空隙はやがて地峡の形になり、そして空虚が形成する半島の形になる。[13]

この知覚のおかげで、豊かな世界が広がったとヴィリリオは語る。普通の物や形は、おおむね経験的に知られており、観察者が移動しても見えかたに不自然さは出てこない。それにたいして、間隙は移動するにつれて次々にその見えかたが変化して行き、予想不可能である。そのすきまの描く形状は、「水たまり」から「地峡」に、そして「半島」に変幻してゆくのである。

この透明な景色をうみだし破壊しているのは自分の身体の動きであるということを私は意識していた。それは列車の乗客が木や家々が飛んでいき、丘が背をかがめたり伸ばしたりするのを見るのと少し似ていた。どんなわずかな動きであれ、私がうごくその運動の速度によって、空虚や穴やくぼみが形成され、変形される。ただあちこちに移動するだけで、道具も使わずに構成作業がおこなわれる。この透明な形態にはもうひとつ別の利点もあった。つまりそれによって前景、中景、後景という具合にさまざまな距離のところに別の形態が浮かびあがってくるのである。その結果、くぼみのなかに別のくぼみがあらわれ、間隙のなかに別の間隙が出現する。このさまざまな景《プラン》、敷居《スイユ》にあらわれる形態の連続がまるで鏡のように透明で複雑な物体を構成する。ただしそれは枠をもたない鏡で、前からも横からも後ろからも連続してあらゆる角度からながめられる鏡、水晶の玉のような鏡である。そしてそこに形態の未来が透視できる。[14]〔傍点は引用者〕

しかも重要なのは、このような「間隙は観察主体が移動するにつれ、たえまなく変形する」ことである。「どんなわずかな動きであれ、私がうごくその運動の速度によって、空虚や穴やくぼみが形成され、変形される」のである。注目すべきは、動き、あるいは動きあいによって形成される「走行」領域における知覚の歪形、凹凸とその逆転が基本となることである。ここにヴィリリオの思考の原型がうかがわれると思われる。それは、運動しつつある観察者も包み込む知覚世界として、枠のない「水晶の玉」のような鏡をなして、透明な万華鏡のように絶え間なく大小幾重にも複雑な流動的な形状を変幻自在に繰り広げるだろう。

このように走行性、速度に着目しつつ、ヴィリリオは「原初的な形態と背景の分離、地平線と空の分離、岸辺と始原の大洋の分離から科学的遠近法の構築にいたるまで[15]」、私たちの世界の把握、走行圏の知覚のしかたを見直そうとするのである。

6 ネガティヴ・ホライズン

それでは知覚のしかたの見直しの例として、空と地平線に着目してみよう。空のへりとなる地平線をめざして疾走する高速車の実験は、砂漠や塩湖（干上がっている塩原《えんげん》）、凍った湖など、鏡にもたとえられるような路面でおこなわれるという。表題にもなっている「ネガティヴ・ホライズン」とは、さしずめ高速化によって地平線が次々にのりこえられ、もはや地平は彼方に厳然と構成されるのではなく、その終末的な響きもともないつつ、ただ否定的に、あるいは空虚に滑り去られるものとしてしか存在しない事実を意味するだろう。

観察者が静止している場合は、前方の風景や事物は広がりと奥行きをもって所在している。それを描く場合、周知のように幾何学的透視図法では、地平線と消失点が必要であるが、高速度の自走体のフロントガラスから見える光景においては、速度装置の路面を高速度で足元から背後に巻き戻しつつ、不断に両脇の風景を左右に切って逃がして疾走するのであれば、三次元的な奥行きのある風景は構成されない。〃動体視力〃ということばがあるが、疾走する車体のフロントガラスから見える光景を仮に〃走行視界〃と言うとすれば、その視界に見えている諸事物はユークリッド的な幾何学的遠近法には秩序づけられないだろう。地平線も消失点も所在しない。つねに逃げている。あるいは〃走行視界〃の背後に潰走する。突進する地平線も次から次へと文字通り乗り越えられ、地平線であることが自己否定されていくのであるから、それがネガティヴ・ホライズンと言うこともできるだろう。そして当の自走体が消失点へ無限漸近するのであれば、おのれこそが限りなく消失点なのかもしれない。目的地の到達の否定であり、目的地の喪失であり、まさに自己〃消失〃なのかもしれない。

　このように実在する地平線がとつぜん否定されるようになるのだが、これはまた目的地への到着ということがらそのものの否定でもある。純粋速度の探求は道のり《トラジェ》の否定につながる。ストップウォッチの動きや音もたてずに機能する計時用光電管はもはや計画《プロジェ》〔＝前に投げること〕しか、瞬間的往復のそれしか記録しない[16]。

こうして、出発点から目的地への道のり《トラジェ》が無視される。光を投げだし戻らせる企画しかなくなる。

砂漠化の極みであるネガティヴな地平線に幻惑されるとき、空間の最後の資源、すなわち虚空が汲み尽くされ枯渇する。したがってここでは力への意志とは、視界の奥行きを恣意的に圧縮することである。眼の前の地平を「壁」に、スクリーンに変えることによって、加速による光の効果を映し出すのだ。[17]

そのとき、たんに高速の車が、砂漠を疾走するというだけではない。フロントガラスの光景も、砂漠も大気もスピード化している。固有の時空のゆがみというだけでは足りないだろう。相対的に変容しあうスピード場のなかで、突進、陥没するイメージである。猛烈なスピードそのものが軸となり、あっというまに迫り来る点景が瞬時に左右に飛び散っては消え行く、スピードの光景としてこそ実景化する。こうして、地平線は一挙にのりこえられる。「このように実在する地平線がとつぜん否定されるようになるのだが、これはまた目的地への到着ということがらそのものの否定でもある」。言い換えれば、われわれはあっというまに到着してしまっているのである。果てしない地平線を望むのではなく、疾走路は高速度で巻き戻されるベルトコンベアーとなり、眼前には奥行きを圧縮した絵模様が展開し、フロントガラスはそのスクリーンとなっている。いつまでも巻き戻しは続き途絶えることはない。目的地はない。任意の地点が瞬時に巻き戻され、タイヤの下を通って遠のくだけである。

7　速度という固有次元をもつ走行圏

ここで、走行、速度について、角度を変えて考えてみたい。〝時間距離〟ということばがある。ある地点Aからある地点Bまで移動するのに要する時間によって、つまり所要時間の大小によって〝遠近〟を測る。〝時間距離〟は、それぞれの地点で、平日の日中などで利用できる交通手段を用いた最短時間で示す場合が多い。例えば、日本列島の地図で、時間距離を単位にしてデフォルメされた地図が作成されることがある。空路の定期運航があったり新幹線の停車駅のある都市は、当然、首都東京からの時間距離は短くなる。列島の中央部分が東西から圧縮され、東京と名古屋・大阪などが太く短く結ばれる、時間距離図である。このような図は、所要時間の相対的な大小を時間距離という線分（運行頻度に応じて太く濃くなる）で表わす点で視覚的にわかりやすいだけでなく、現行の速度社会に見合った、リアルな図示と言える。

自動車利用による陸路の時間距離図も同様である。私たちは、モータリゼーションの社会というと、乗用車やバス、トラックなどを思い浮かべ、もっぱらそれらが速度を担う利器‐容器であると表象しがちである。無論、それで間違っているわけではないが、またガソリンがなければ動かないことも承知しているとしても、それ以上に大きく重要な装置を忘れがちである。そう、きちんとした路面がなければ、車は相応の速度で走れないのだ。

鉄路と同様に道路は、りっぱな走行装置、速度装置であり、道路と車がともに働いてこそ円滑に一定の速度を実現する。「駆動輪と交通路はその時ひとつのカップルを形成[18]」するのである。まさに番《つが》いである。車を運行させる道路のような帯状のものが走行装置であることは、ベルトコンベアーや動く歩道、そしてロープウェイ（籠＝ゴンドラを一定の間隔にぶら下げたロープそのものが回る）を考えれば、同類であることはさらにわかりやすくなるだろう。

こうして列島に道路網が、高速道路から国道、県道、農道、林道にいたるまで複雑に張りめぐらされているのであれば、道路利用の「時間距離」図は、平常時の高速道路の標準所要時間を目安とする作成はわりあい容易としても、季節、気象条件や混雑期あるいは時間帯による渋滞の影響も非常に大きいので、全国の道路網を速度装置として見れば、それらの経脈による列島地図の伸縮は、複雑に鼓動するものとなるにちがいない。いずれにしても、このような事態が、好むと好まざるとにかかわらず、私たちが走行圏という環境に（走行しつつ）棲息しているということである。このように、陸路も速度圏であってみれば、現在は航空機の時代として「大気圏」を意識するにしても、単なる三次元的世界ではなくて、陸・海・空の三域それぞれの走行圏および相互連携、および大気圏外も視野に入れて、「大気圏に代わって、走行圏《ドロモスフェール》[19]」と言うのも頷けるだろう。

つまり飛行機はその軌跡の速度が道筋《シュマン》となっているのであり、高速の推進力が高度上空における飛行の道路網となっているのである。速度は飛行機を離陸させ、乗客を空にみちびく。航行を可能にしているのはたんに空路《ヴォワ》――遠方にいたるまで障害物をとりのぞかれた空間――があるからではない。それは速度《ヴィトゥ》（*le vite*）である。速度《ヴィトゥ》が虚空《ヴィドゥ》（*le vide*）を踏破することを可能にするのである。

> だから、「速度製造機」として、エンジンは通路（*la voie d'accès*）を製造する。地表面上空の大気の厚みへとつながる通路《アクセ》をつくるのは（速度の）過剰《エクセ》である。[20]〔強調は原著者〕

車両は鉄路があれば、初期にそうであったように馬数頭に牽かれても動くのであるが、飛行機は事情が違う。空路が設定されたからといって、空中に描かれた航路に勢いをつけて機体がひょいと乗りかかればよいというのではない。推進力による一定の速度が得られなければ飛べないのだ。その意味で飛行機の「通路」は速度なのである。ついでにヴィリリオ風にもじって言えば、飛行機を飛ばす「速度」は世界の廊下であり、それが老化をうながしもする、ということになろうか。いずれにしても、速度によって新しい次元が生じたのであり、「世界の諸次元は世界が運動の場として開発されるときにのみ発生する」[21]ということになるだろうか。

さてこのとき、陸・海・空の多層的な走行圏のおりなす環境、速度の環境において、自走装置はどのように運動するのか。

このような自走的乗り物（自動車、船、飛行機）はふたつのベクトルからなっている。すなわち運動ベクトルと移動速度ベクトルである。後者は前者の直接的帰結・産物であるが、しかし、速度ベクトルはまた周囲の環境《ミリウ》や活動領域《エレマン》（地上・海中・空中）あるいは走行路面の影響もうけるということを忘れてはならない。[22]

この場合、「ベクトル」は、数学的な意味だけではなく、「媒体」、「媒介手段」の意味も備えている。こうして、自走装置はたんに移動を旨とする「移動機械」ではなく、速度が決定的要因の「速度機械」となる。「速度ベクトルは自走装置による移動運動の本質的特質となり」、速度はこうして「運動を構成する次元のひとつ」となるのである。

先にあげた時間距離の例で言えば、もはや通常の地図を伸縮させて時間距離の地図を描く段階ではなく、速度ベクトルが開く次元を固有の軸として貫きつつ世界の様態を折り返すような走行圏をイメージする必要があるということであろう。「時間のために空間を犠牲にし、ついで速度‐距離のために時間距離を犠牲にした結果、ベクトルが世界に最後に残された次元となった[23]」からである。先の、伸縮する〝時間距離〟すらくしゃくしゃになり、それを引き裂き破るように速度‐距離、すなわち速度ベクトルが固有の次元を形成する。

そこでは、情報通信技術によるメッセージやイメージの〝伝達〟も、「速度機械」(machine de vitesse)としての自走装置による〝移動〟も、本質的に異ならないとヴィリリオは考える。これが、序章で投じた、今日の機械的環境の本質を浮かび上がらせる特質である。すなわち、電磁波(光速度)で瞬時のうちに、人間にはその経路が不可視なまま情報を伝達する装置と、高速度で移動するにしても静止しているときは充分に可視的であり、歴史的に発展してきた乗り物の延長と見なせるはずの自走装置が、同質の基軸的圏域を構成し、速度という枢要な次元を備えた同一の新しい環境、高速走行圏をなすという考え方である。

これは、『ネガティヴ・ホライズン』の「緒言」で見たような、図と地の逆転といえよう。ヴィリリオは、今日の世界のなかに相対的な突出やくぼみ、つまり「速度」に関わる突出やくぼみを見出した。私たちに馴染みの平準化された世界に関して、その刹那の「間隙」として不断に伸縮して現出する「速度」を発見し、そのかたちを、ヴィリリオで言えば「反‐形態」を、「速度」として浮き彫りにしているのではないだろうか。その「速度」の次元を固有の地平にして開けば、自走装置も情報通信も同類である。「速度」を基軸にして浮き彫りにして伸び広げれば、自走装置も情報通信装置も同じカテゴリーで作動すると見なせるということである。それはどういうことか。

ドライバーの「出発と到着のあいだで、国土とその景観が電動ベルトのように展開[24]」し、《自走装置》(automobile)は、「同じく《視聴覚装置》(audiovisuel)として現われる[25]」とヴィリリオは言う。自走装置はさまざまな「伝達手段」の総体に関与しているのであり、たんに「移動手段」としてだけ機能しているのではない。

すなわち、映像メディアと自動車メディアが結合し合併して、技術的に移動よりも情報を優先する相互接続が形成される。[26]〔強調は原著者〕

自走装置はしかるべき速度で移動しているのだが、その移動を認知させるのは、「電動ベルトのように展開」し、速度変化に応じてトポロジカルに変容する外界である。その外界は自動運転の場合のように、機器で解析されて視覚的・聴覚的な情報となる。そのような視聴覚情報の、その表示が単一ではなく入れ子細工のようになりもする次元が第一義的になるような、それが伸縮、陥没、突出して重なるように前面に躍り出てくような走行圏世界に私たちが身をゆだねて（しまって）いるのが今日なのである。自走装置のフロントガラスの風景の展開、逃走、踏破だけではなく、カーナビはもとより外界映像や録画機能などモニター画面の溢れる今日、この趨勢はヴィリリオの指摘通りであろう。自走装置としての自動車は「砲弾であると同時に映写装置でもある[27]」からである。一言で言えば、乗用車はヴァーチャル仕様になるということだ。さらに自動運転の時代になれば、その「砲弾」はミサイルのように巧妙に、まさに自走装置として、道路等物理的環境や対向車に合わせて素早く自在に進路をとることだろう。

われわれはあっというまに到着してしまった、それでは〝裏がえす〟ように遠のいてしまったのは何か。はるか向こうに、否、はるか手前に遠のいてしまったのは何か。それは、まず身体であり、旅程、道中であろう。不全のまま到着してしまっているという事態は、人々の無気力をまねき、身体は所在もなく外観も事実上もミイラ化しかねない。また、とりあえず間断なく到着するという現象は、ヴィリリオが再三指摘しているように、遠くのものを引き寄せる視聴覚装置と遠くへ向かう自走装置が、事実上、等価になっていることを物語る。高速の自走装置の内部は静止しているという逆説。飛行機の客席が、前のシートの背に組み込まれた視聴覚モニターを見入ったり、眠ったりする〝待合室〟であることにもうだれも驚きはしない。

速度の過剰によって消え去るものは、置き去りにされる身体だけではない。対照的に脚光を浴びて突出すべき速度の産物も消え去る。高速度の飛行体は目に見えないものとなる。レーダーから消え去るステルス機。軍事的には見えないものが〝あり〟、見えるものが取るに足らないものとなる。重要なもの、高性能なものほど、「走行体制」社会において位置確定されずに隠されていて、現存の脅威となる。そこで「抑止力」の概念が変わる。そして、情報操作が戦略そのものとなっている時代（*Stratégie de la déception*『情報操作の戦略』一九九九年）に私たちが生きていることは、もはや疑いをいれない。

目を迷わすのはただ情報の過多、そして瞬時の到着とそのフェイドアウト。有用であるはずの情報が飽和し、拡散し、うずもれ、かえってとらえどころがない。しかしながら、そのなかで情報を取り出すこともなお私たちの速度にかかわる以上、ここでもう一度反転して思考する可能性はありはしないだろうか。情報の過飽和という形態にたいして、〃反形態〃はありうるか。「私たちの世界の見方を発明しなおすという積極的努力をしなければならない[28]」。ヴィリリオを通して考えるべきはそのことではないだろうか。

こうして、われわれはヴィリリオの照らし出す走行圏（dromosphère）の世界を多面的に考察してきた。次章では、視覚機械（machine de vision）を前面に押し出して検討してみたい。

注

（1） *Vitesse et Politique*, Galilée, 1977, p. 45. 以下、*VP* と略記。『速度と政治』（市田良彦訳、平凡社ライブラリー、二〇〇一年）、六二頁。

（2） *VP*, p. 46. 同書、六三頁。

（3） *VP*, p. 48. 同書、六六頁。

（4） *VP*, p. 119. 同書、一七七頁。

（5） *VP*, p. 120. 同書、一七七～一七八頁。

（6） *VP*, pp. 131-132. 同書、一九二～一九三頁。

（7） *VP*, p. 133. 同書、一九四頁。

（8） *Défense populaire et Luttes écologiques*, Galilée, 1978, p. 25. 以下、*DL* と略記。『民衆防衛とエコロジー闘争』（河村一郎＋澤里岳史訳、月曜社、二〇〇七年）、二一頁。

（9） *DL*, p. 55. 同書、五六頁。

（10） *DL*, p. 58. 同書、五九頁。

（11） *Cybermonde, la politique du pire*, Textuel, 1996, p. 23.『電脳世界』（本間邦雄訳、産業図書、一九九八年）、一七頁。

（12） *L'Horizon négatif*, Galilée, 1984, pp. 18-19. 以下、*HN* と略記。『ネガティヴ・ホライズン――速度と知覚の変容』（丸岡高弘訳、産業図書、二〇〇三年）、一一頁。

（13） *HN*, pp. 19-20. 同書、一二頁。

（14） *HN*, p. 20. 同書、一二～一三頁。

(15) *HN*, p. 32. 同書、二五頁。
(16) *HN*, p. 206. 同書、一九九頁。
(17) *HN*, p. 209. 同書、二〇二頁。
(18) *HN*, p. 217. 同書、二〇九頁。
(19) *HN*, p. 211. 同書、二〇三頁。
(20) *HN*, p. 157. 同書、一四九頁。
(21) *HN*, p. 157. 同書、一四九頁。
(22) *HN*, p. 218. 同書、二一〇頁。
(23) *HN*, p. 208. 同書、二〇一頁。
(24) *HN*, p. 219. 同書、二一一頁。
(25) *HN*, p. 220. 同書、二一二頁。
(26) *HN*, p. 221. 同書、二一三頁。
(27) *HN*, p. 149. 同書、一四一頁。
(28) *HN*, p. 31. 同書、二四頁。

第三章　ヴァーチャル世界の優位と世界の老化

——視覚機械による遠隔現前

前章では、走行体制の世界のなかでの自走装置としての速度機械を主に扱った。この章では、一瞬のうちに遠隔世界を視像として引き寄せる視覚機械システムと、見られる側としての人間がヴァーチャル・イメージに取りこまれるその次元を主題的に考察しよう。ヴィリリオはそれを主題化して『視覚機械』（一九八八年）を著わしている。

1　視覚機械とヴァーチャル世界の形成

『視覚機械』には、本のタイトルそのままの「視覚機械」と題される第5章がある。そこでヴィリリオは、画家パウル・クレーのことばを引いて、「今や事物《オブジェ》のほうが、私を目に入れるようになる」（« Maintenant les objets m'aperçoivent »）[1]と語ることから始めている。つまり、私が一方的に事物《オブジェ》を見るのではないような情況がまず押し開かれる。画家が筆を運んで絵が描かれる渦中にあっては、その営みが対象の単なる写しでないとすれば、渦中のまなざしは一方的、単線的とは言えないであろう。画布を前にして筆をもって描く画家と描かれる対象が、目に見えて双方を包んで広がる世界のなかで、またその内にあって画布に筆が運ばれて描かれ広がる小世界（画布に描かれる世界）とも交差しつつ、事物に目を据え事物に見入られる能動的かつ受動的な環境がつくられる。そのとき、メルロ＝ポンティ（『眼と精神』）の語るように、見るものと見られるものがそこで交錯する同じ素地が形成されて、互いにまなざしを交換しあうこともあるだろう。

とはいえ、「今や事物《オブジェ》のほうが、私を目に入れるようになる」は、これだけ取り出すならば、さすがにこの言明は唐突で人を驚かすように思える。童話や夢語りならともかく、事物が私を目に入れる、事物が私を見るというのは、尋常の会話なら、奇をてらった言い草だと片づけられたかもしれない。しかしそれも、今までならば、という注記がつく。事情は、今日ではまたまた一変しているのだ。

ことほどさように、カメラ機能を内蔵するもろもろの事物《オブジェ》に私たちの姿が録画されるのは、二〇世紀末から（日本では一九九五年の地下鉄サリン事件以来、監視カメラが普及したと言われる）、なんの変哲もない事象となっている。ヴィリリオの言は、まがうことなく真実を語ることばとなっている。私たちを見つめる「事物《オブジェ》」が、市中いたるところに設置済みの監視カメラはもちろん、大小の、即時に録画・録音かつ伝送機能をそなえる小型パソコンあるいはモバイル機器として回遊、散乱しているのであるから。

この新しい技術的分野である「画像情報処理システム」(《visionique》)、すなわち、端末のビデオ－カメラが中心コンピュータにただ隷属しているような、なんらかのまなざしのない視像《ヴィジョン》を手に入れる可能性を、人々はまだ話題にしてはいないのだろうか。

その情報処理にたずさわるコンピュータは、もはやどこかの遠隔－目撃者(télé-spectateur)のためではなく、ただ機械のために、その周囲の環境の解析力と、そこで生じる出来事の意味の自動的な解釈を引き受けているのである。しかもそのことは、もろもろのストック管理を含めた工業生産の諸部門、あるいはまた軍事ロボット工学の諸部門においてなされるのである。(2)〔強調は原著者〕

このように端末のビデオカメラは、もはや私たちの知覚(器官)の代替やその延長上の精密化というのではなくなっている。少なくとも第一義的には、個々の人間の知覚行為の補助のための知覚装置ではない。なお、聴覚機械については、録音機能として単独で用いられることもあるが、しばしば視覚機械と一体化して視聴覚機械となっているので、ここではその付属機能も含め、視覚機械に的をしぼって考察する。

もともと、映写機、受像機は、容器（カメラオプスクーラ）であるとともに、利器（ショットする）でもある。そこにさらに、移動・送信の機能も備わり、速度機械と合体もする。このような視覚機械は、人間の身体機能の拡張をはるかに超えて活動する。一連の定置（定置は劣っているわけではなく、定点観測というように時間変化を記録するために必要であり、走行圏の一様態）あるいは移動カメラからの情報を集約する中央装置は、当該の場所、地域の画像データを整理・保存し、必要に応じて画像情報として総合的に処理する自動的システムなのであり、それが「視覚機械」なのである。したがって、「知覚の自動化」〔強調は原著者〕とも、しかるべき「人工的視覚のイノヴェーション」(3)とも言われる。

このように「視覚機械」が私たち（の日常活動）にとって代わって出現するのは、望遠鏡や顕微鏡の場合のように、それを使わないと私たちの視覚が目にすることのできない領域を映し出してくれる（そのかぎりで私たちは拡大像を見ることができる）からではない。「視覚機械」の普及は、ハイスピードを要するしかるべき領域で、私たちの生理的な視覚が、瞬時の世界に対応する「時間の遠近法」(4)というべき伸縮能力がきわめて弱いという点に由来する。こうして、私たちの視覚補助ではなく私たちの視覚を代替というよりも事実上乗っ取る「視覚機械」というハードによって、自動的に「まなざしのない視像《ヴィジョン》」の展開するヴァーチャル平面という次元が生じると考えられる。

そして、このような「視覚機械」により人工的に処理されるさまざまな画像や合成イメージが増殖してくると、私たちの経験のなかで、それらをどのように位置づけるのか、見分けがつけがたくなるのは当然である。例えば超音波やX線による画像を、イマジュリ（imagerie）と言うが、私たちに身近のところでは、健康診断などで用いられる超音波検査（エコー）が知られている。これは超音波を当ててそこから返ってくるエコー（反射波）を受信し、それをコンピュータ処理で画像化して診断する方法である。また光トポグラフィーというのもあって、これはヘルメット型の装置を頭にかぶせて質問に答えさせ、特殊な光をあてて脳血流の変化を読み取り、脳の活動状態を数値化・画像化するという。このような画像化は、まさしく人工的なヴァーチャルなものだが、それがどこまで実在的なのか、あるいは実在的事象の反映となるのか、判然としがたい点は残る。

さらに、私たちは常日頃、記憶イメージや、それらを要素として構成する想像イメージなど、心的イメージ（images mentales）をもっているが、そこに蓄積される（相応に忘却もされつつ）記憶イメージには、映画やテレビやパソコンなどの映像、画像の記憶イメージも積み重なり複合されて入っている。このような場合、私たちのなかで表象されるイメージがあるとして、それらが、何と何によって構成されているかは、非常に複雑になっていると言えるだろう。

また、現実的な経験の世界が、ヴァーチャル平面の高速化にたいして動作が鈍く遅滞するように現象すると見なされると、実生活ではヴァーチャル平面が主導的になり、日常の〝現実感覚〟は希薄化し、私たちのなかで心的イメージとヴァーチャル・イメージが脈絡なく混じり合ったり混濁したりすることも大いにありうる。ときには現実的、即時的効果をもつヴァーチャルなイメージや事象が心的イメージと短絡的に結びついて、現実の生活においてそのような心的事象が急に現働的になり、行動を刺激したり促したりすることもありうるだろう。

私の意見では、そこにこそ、デジタル画像処理と、電子光学によって可能になったこの合成的視像《ヴィジョン》の新しいテクノロジーの発展のもっとも重要な様相のひとつがある。すなわち、事実的なもの（あるいはお望みならば、操作的なもの）とヴァーチャル的なものの相対論的な融合／混合。そして「現実の効果」が、実在性の原理に優先すること。後者〔＝実在性の原理〕はしかも、すでにひろく、とりわけ物理学において異議申し立てをされているのであるが。[5]

このようにデジタル画像処理による合成視像がヴァーチャル平面に形成されると、私たちがなんらかのかたちで事実として確認できる像、あるいは獲得できる操作可能な数値の集積と、ヴァーチャル的な任意の画像との区別がつけがたくなる事態が生じることは容易に想像できる。いずれにしても、そのとき画像などヴァーチャル平面から導き出される内容が、医師の診断や採用すべき対処法などを導く現実の作用をもつと、それが「現実の効果」となる。なお上記引用文で、物理学において、第一義性が疑問に付されている「実在性の原理」とは、例えば、ミクロの世界における、光や電子の粒子性・波動性を思い浮かべればよいだろう。光はとらえ方によって（実験の種類によって）そのふるまいが波動としても粒子としても現象する。光という固有の実体を実在性の領域に想定して考えるのは、意味がなく、むしろ思考の障害となるかもしれない。ここでは、現象の奥に実体があるという実体論的思考は適切ではなく、現象のレベルこそが知見の対象であることをおさえておけばよいだろう。そして、その知覚されるものを含む現象のレベルにおいても、ヴァーチャル的な事象の優位性が加速されていることをヴィリリオは説くわけである。

2　視覚イメージ

ヴィリリオは、次いでそのような今日の視像を考察するために、一般的な視覚イメージの歴史的形成を振り返っている。その際、図像や絵画、そして写真、映像にいたるまで、視覚的イメージを三段階に分けている。第一段階が伝統的な絵画表象、第二段階が写真－映画的表象、第三段階がビデオ映像、デジタル映像などである。

第一段階は、おおむね一八世紀に完成される、西洋の近世絵画、版画、建築で、それらは幾何学的透視図法で代表されるような「形式論理」にもとづくと言えよう。第二段階は、一九世紀後半以来の写真、映画の映像であり、特に映画など、時間による展開に着目してか「弁証法的論理」にしたがうとヴィリリオは言う。そして第三段階にあたる、現代の映像・画像については、「パラドキシカルな論理」が働いていると言う。その説明を見てみよう。

ところで、私たちが伝統的な絵画表象の形式論理の実在性（*la réalité*）を十分に知っており、またそこまではいかなくても写真‐映画的表象をつかさどる弁証法的論理の現況（*l'actualité*）をそれなりに知っているとしても、それとは逆に、あれらビデオソフト、ホログラムあるいはデジタル映像技術のパラドキシカルな論理のうみだすヴァーチャリティー（*les virtualités*）については、きわめて不十分にしか評価していないのである。[6]〔強調は原著者〕

第三段階の画像には、ホログラムも例に挙げられている。ホログラフィー（holo-は「全体」を意味する）は、物体にたいする光の当てかたを工夫して物体の立体像を再生する光学技術である。ホログラムはそのホログラフィーを応用し、特殊なフィルムやプラスチック板の上にレーザー光線を使って立体画像をプリントしたものである。そのプリントに光線をあてると、立体画像が再現される。このように単純な撮影映像から複雑な画像処理を施した映像まで多岐にわたっているので、これらのテクノロジーにはジャーナリズムの解釈の錯乱がまといついているとヴィリリオは言う。

論理的パラドックスとは、結局は、映し出されている物事、出来事を支配する、リアルタイム

における その映像《イマージュ》のパラドックスのことである。その映像のリアルタイムは、今後、実在の空間にたいして優位を占めるのである。現況《アクチュアリティー》を支配するこのようなヴァーチャリティーは、実在性《リアリティー》の概念そのものを転倒する。そこから、伝統的な公共的な表象（図表的、写真的、映画的表象）の危機が到来する。なんらかの現前化、パラドキシカルな現前、今ここで、そのもの自体の現実存在を代替する、対象や存在の遠隔《テレ》‐現前《プレザンス》が優先されるのである。[7]〔強調は原著者〕

従来の図像、写真などは、人々に伝わる公共的表象として、実物や本体の代わりとなって、それを指し示すための記号の役割を担ってきた。しかし、今日のモニター画面などに登場する映像は、リアルタイムの映像として、本体に差し送り返されるのではなくそのものになり代わる。本体はなくなるわけでないが、それはランク落ちして、事実上その「遠隔‐現前」としての映像が本体よりも優先されるのである。ヴィリリオはおおむね「遠隔‐現前」の意味でヴァーチャリティーの語を使うことが多いが、こうしてヴァーチャリティーが現況を左右するものとして実在性に優先する点が強調される。今日では私たちの日常の思念にも身体にも、ところ構わずこのような視覚イメージを中心とするヴァーチャル平面が浸透してゆく。ヴァーチャル平面は結局、もはやテレビに番組として放映されたり、他のなにかを映し出す映像というよりも、実在性そのものの「高度な定義」[8]となる趨勢にある、とヴィリリオは語る。

3　ヴァーチャル世界の優位

このような視覚機械の遍在する、速度に満ちた環境のなかで、私たちはどこで、何を見ていることになるのだろうか。仔細に検討するために身近な例で考えよう。

一九九〇年代からすっかりお馴染みになった玄関に設置された監視カメラを通して、居室でそのモニター画像を見る場合を考えよう。訪問者が玄関のチャイムを鳴らしたとき、従来なら出ていってドアを開いて相手を肉眼で見るか、場合によっては覗き窓かドアの覗きレンズで来訪者を確認する。肉眼で見るのもガラス越しに見るのも、知覚のふるまいとして、また実効性において変わらない。つまりふるまいとして連続している。言うまでもなく後者の方は遮蔽されているので安全性がある。そう見てくれば、居室のモニター画面は、ドアの覗きレンズの延長であることが容易にわかる。住人にとっては、玄関前に来訪者が現前していることと、モニター画面に映像として来訪者が出現していることは等価である。しかも住人は画面を見ながらインターフォンを通して来訪者と応答し、招き入れたり場合によっては体よく追い払ったりするのであるから、画面に出現している映像が事実上、実質的な存在である。このように、端的に言って映像が実物に優先される事態が生じているのである。

それだけの話なら住人の便宜に落ち着くかもしれない。しかし、映像を通してなされる言動、行動がそのとき住人にも変化をもたらしている。住人は確かに目を使って見ているが、自分の視力だけで見ているのではない。監視カメラという視覚装置を通して見ている。私がその器械を利用しているとも言えるが、私の視覚機能がその器械システムとそこに生じる現象形態に取り込まれているとも言える。先にも触れたように、映っている人や物は、現に所在する場所に知覚されているのではなく、映像として画面上に出現している。つまり、見る私にとっては、カメラのレンズが遠隔化して私の眼の代わりとなっていて、映される人や物もその占める場所ではなく、画面上に〃ある〃。私が肉眼で知覚世界を見ることから離れて、画面が〃見え〃の世界となり、映されている対象も、現に占めている場所ではなくて、見えている映像としてヴァーチャルな画面世界が第一義的となる。そこにこそ現況（アクチュアリティー）において、よりいっそうの実質性があるということである。リアルタイムにおけるこのような映像の論理的パラドックス（もとの対象を再現する仮の姿という了解の転倒）こそが、映し出されている事物を支配しているのであり、「現況《アクチュアリティー》を支配するこのようなヴァーチャリティーは、実在性《リアリティー》の概念そのものを転倒する」のである。

　このような連関は、軍事において照準器を装備した銃の作動においても同様である。レンズを通して見る映像には、その見るという所作において過去の情報のみならず、未来のシミュレーションも負荷される。レンズ上の映像にこそ濃密な実効的な意味あいが負荷され、現実的な影響力が行使されるのだ。しかも、そのようなレンズ装置は世の中に無数に散在する。監視カメラのように事物のほうも私たちを映像化する。伸縮し、陥没し、幾重にも裏返り、大小に重ねられるキュービスム的パッチワークのアメーバー状の世界。遠隔現前、遠隔視像の優位にあるヴァーチャルな世界とは以上のようなものであろう。現にある諸事物よりも、そのもろもろのイメージが優位にある世界である。

以上から、『戦争と映画』（*Logistique de la perception* (Guerre et Cinéma, I), éditions de l'Etoile–Cahier du Cinéma, 1984）で、撮影カメラ〔＝視覚機械〕と銃砲の関係が詳細に論じられているのも頷けるだろう。また飛行機の発達と撮影の緊密な関係も、いちはやい情報収集が帰趨を決すること、したがって、軍隊の物量的な装備、配置よりも、情報戦こそがより重要になることも想像に難くない。視覚機械による情報収集の優位性が帰趨を決する。このことは、当然、冷戦時の「抑止力」にもかかわる。

> 〔……〕核抑止戦略は、おそらく今世紀〔＝二〇世紀〕の終わりには、いつどこででも攻撃に向けた敵領土の視覚映像を獲得しうる能力にもとづいた抑止戦略へと移行することになるだろう。いうなれば西部劇の決闘シーンにあって、銃砲よりも反応のすばやさが勝負であり、眼の動き《アイショット》が銃撃《ガンショット》以上に重要であることにも通じる。[9]

このように「眼の動き」（西部劇では、ヒーローのガンファイターは両側の建物のあちこちから狙い撃とうとする敵方をすばやく察知して早撃ちする）が、情報収集の速度であり、それが的確でないと、いくら「銃撃」しても効果がない。照準器ともなる視覚は、銃撃、爆撃と直結する。爆撃装置の発達とミサイルなどの飛翔体の時間短縮によって、ひとたび視覚映像としてとらえられたら、それはほぼ確実に標的として攻撃でき、破壊できる。そうすると、映像としてカメラにとらえられるかどうかが実際の発射ボタンを押すことよりも重要になる。さらに、相手にこちらの手のうちが知られないこと(どこに原子力潜水艦が回遊しているか)、あるいは威嚇として航空母艦の艦隊を誇示することなど、情報戦略は複雑に展開されているだろう。

さて、こうして見ると、『戦争と映画』の副題が「知覚の兵站術」(Logistique de la perception)となっていてもわれわれは戸惑うことはないだろう。遠隔の事象を視像としてとらえ、映像化(撮影)し、手もとに送りかえす機械装置のレベルのみならず、その映像化作業や編集を途切れなくおこなうための支援、維持システムの総体のことである。望遠鏡、双眼鏡はもとより、飛行機による偵察飛行から偵察衛星まで、そして視覚装置としての解析力や精度にかかわるコンピュータ・システムの総合的能力のことである。撮影機、映写機は、容器(カメラオプスクーラ)であり利器(ショットする)でもあり、送信機=移動機でもあるすぐれた速度機械なのである。

こうして、「視覚機械」は偵察衛星から、偵察機、赤外線監視カメラ、無人ドローンまで、まさに地上に縦横にはりめぐらされ、また各種カメラは空中・海中を回遊している。監視カメラの君臨する世界。フーコーの語る「大監禁」は一七、一八世紀以降ではなくて、二一世紀に始まるとヴィリリオは言う。

4　極の不活性と世界の老化

　このような状況において、現実に存在している人間の身体やその環境はどのような改変をこうむることになるのだろうか。『視覚機械』に続いて、『極の慣性＝不活性《イネルシー》』（*L'inertie polaire*）の冒頭で、ヴィリリオは次のように語る。

> 　私は今でも、十年まえに、地下鉄《メトロ》のホームで鏡面がビデオ画面になり変わったときの驚きを思い出す。
>
> 　たしか一九六八年から少し経ったころ、グランゼコールや大学の入り口に出現した監視カメラに人々は気づいたことだろう。首都の大通りや交差点の監視にも、この新しい機材一式が用いられるようになった。そして近頃、建物の自動扉を開けるオートロック操作盤の上方にマイクロカメラのレンズがいきなり取り付けられているのを見たとき、私は再び驚いたのだった。今やインターフォンが管理人《コンシエルジュ》の代わりをするのでは不十分ということだろう。
>
> 　電気－光学的代替の機材として、ビデオスコピー〔ビデオ視鏡〕はここにその原理的な役割を見出しているように思われる。すなわち、照明という役割である。それは単なる電灯の明かりではもはや満足しない住まいの環境の間接的な照明として、日中の太陽光にも似た間接的な光となるの

である。[10]〔強調は原著者〕

たしかに、照明はその明るさのもと、周囲の事物の所在やその場の環境を情報として私たちに知らせる。それと同様に「ビデオスコピー」は、私たちに、建物の正面玄関の視覚的情報を、ライトで照らすように鮮明に知らせてくれるのである。これが、自動的にシステム化してくると、人々の必要があって遠隔の映像を入手し利用する、あるいはテレビ画面で放映する、ということではなくなる。ビデオカメラはいたるところに設置され、ただ無言で非人称的に撮影を続ける。

ここにビデオの本質的特徴に気づかずにいられようか。もはやなんらかの事実を程度の差こそあれ現働化する「再現」ではなく、ある場所の直接の現前化、電磁気学がその可能性を提供している、実在的なものの波動化の明らかな結果である、電子‐光学的環境の現実化であることを。したがって、ここにはどんな再現空間も、どんな「映写室」も見出さない、しかしただひとつの管理調整室〔＝管理方式〕(*une régie*) のみを見出す論理がある。[11]〔強調は原著者〕

このように二四時間、常時映し出している、〃照らし出している〃ことが肝要であり、その映像空間で繰り広げられる事象を、だれとも知らずすでにシステム化された方式に沿って機械的に、操作・管理の対象とする。このヴァーチャル平面（それを可視化するのが中央管理センターの無数のモニター）で、遠隔の「直接の現前化」がなされ、そこに見いだされる事象を、定められた方式で操作・管理することが一義的になるのである。二次元的な動く図絵に集約、保存され、いつでも検索、フラットに展覧される態勢にある。それは、まさしく「管理《コントロール》社会」にふさわしい、ひとつの管理方式にほかならない。

いたるところ監視機械に取り囲まれて、しかも第二章で論じたように、速度により、距離感や空間的な遠近法がくしゃくしゃになった世界においては、人間の空間的、地理的移動においては、プロセスが軽視され、旅程、道のりが衰弱する。

地上の移動については、自動車が専用道路を疾走するときの、左右に飛び去る風景を無感動に後に残して、到着点のない彼方に突進するネガティヴ・ホライズンをとりあげた。われわれは、鉄道と、その進化形にも同様な、旅程の軽視と価値低減を見ることができる。鉄道については、鉄道唱歌の時代には、田畑を縫って山あいのトンネルをくぐり、鉄橋を渡って隣の町に着くという鉄道旅行のなつかしいイメージが残っていたと思われるが、新幹線の時代になると、当然のことながら速度優先で、新線敷設のためにはトンネルが多くなり騒音対策のための防音壁も多くなる。すなわち、車窓から外の風景を見ることのできる区間が限られてくる。また見える場合も、その風景は在来線とは違い、高架橋に線路が伸びているので、むしろ高速道路（これも高架で防音壁やトンネルが多い）を車で走っているときと同じ印象をもつだろう。速度優先で、到着時間は短縮されるが、風景の楽しみや移動の寛ぎの時間など、旅程の興趣は相応に犠牲にされ、縮減される。しかも、新幹線の駅は、高速道路のパーキング・エリアがそうであるように、高架のホームに降りてからショッピングエリアを横目に外に出るまで（あるいは外に出てもさらに同じ駅前風景）、たいていは外見も内部もどこも似たり寄ったりで、ともするとどの駅にいるのかまるで区別がつかない。このような次第は、現在、建設が進んでいるというリニアカーにおいては、さらにあらゆる面で加速されるのは目に見えている。

私たちにとっての身近な経験と現状をふりかえってみたわけだが、このような状況について、ヴィリリオは「速度、それはまさしく世界の老化である。[12]」と言っている。「速度は、人間の現実的環境のまさしく老化[13]」〔強調は原著者〕であり、この世界の早すぎる、時期尚早の老化であるとも言っている。

たんに「元からある」都市や田舎の決定的な老化というだけではなく、一般に「大地《テール》」と呼ばれる生態学的な広がりの集合体の老化、あるいはその元々の土地の、と言ってもよいが、その老化なのである。[14]

個々の、歴史的推移においてあったであろう、都市や田園の衰退という意味ではなく、「大地」と呼ばれる、人間社会をはぐくむ自然環境の総体が衰えているということである。たとえ人は土から生まれ土に帰るにせよ、土壌としての「大地」の空間が、譬えて言えば神話のオオゲツヒメのようにバラバラに切断され、しかもそこからの再生は期待しがたいということであろう。

このように、速度はまさしく「移動の偶有性《アクシダン》」である。構成された世界の早熟性の老化である。その極端の暴力に引きずられて、私たちはどこにも行かず、迅速性の《空疎《ヴィドゥ》》のためにこの《生身《ヴィフ》》を失ってしまうことに甘んじる。レーシング・ドライバーはまず加速をうまく按配しつつスムーズに押し出してマシーンを戦列に加えなければならないので、もはや周囲の空間のあれこれに注意を向けることのない自動車レースの場合のように、明日にはもはや疑いなく、《場所に留まって》いようが《旅行で移動して》いようが無関係に、どんな人間活動であっても同様に周囲に無関心になるだろう。私たちにとって風景を賛美することはたしなみではなくなり、ひたすらそのモニター画面、計器の文字盤を注視することが務めとなり、その双方向的な軌道の管理、すなわち道のりのない「道のり」(un « trajet » *sans* trajet)、猶予時間のない「猶予時間」(un « délai » *sans* délai) の管理が問題となる。

今にいたるまで都市や田舎の実在の空間をめぐる整備としておこなわれていたことは、明日には、リアルタイムの映像と情報の操作運転の組織編成においてのみ、行使されることになるだろう。[15]〔強調は原著者〕

こうして「視覚機械」とその知覚は、特に電子工学的な高速度化によって、世界の見えかたを変える。速度の環境においては、ユークリッド的な透視図法的世界は成り立たない。それは瞬間高速で伸縮する望遠レンズ的世界である。従来の遠近感覚や視野の日常的地平は成り立っていない。なお、たまたまの付随的属性をあらわす偶有性〔＝事故〕(accident)については、第六章で扱う。

世界は断片的、瞬間的な、尺度自在のパッチワークとなる。時空的にはズタズタになっている。その事態を指して「速度はまさに世界の老化である」とヴィリリオは言うのである。もし速度の獲得は人間の能力の進歩であり、アスリートのようなしなやかさ、俊敏さになぞらえるべきであると考えたら大間違いであろう。むしろ「空間距離や時間間隔を縮小する輸送や通信手段の速度は、生物の身体に及ぼされる老化の諸効果[16]」になぞらえられるのである。つまり速度が増して地球が〝小さく〟なることは、リンゴが萎びるように世界が萎びることなのである。

それでは身体はどうか。身体においては視覚機能をはじめとする五官の機能の拡大があるのではなかったか。それはたしかに遠隔の対象認識や遠隔操作可能の意味では拡張であるが、「視覚機械」は、私たちの手を離れて「まなざしのない視像《ヴィジョン》」として私たちを広範に包む。そのとき、固有の身体の運動能力の意味では、退化の様相を呈するかに見える。さしずめ最新設備の高速移動物体は、視聴覚、運動作用機械として超人的であるが、閉ざされたコックピットのなかの人間は座席に縛られ静止を余儀なくされ、筋肉は萎縮しているのだった。こうして「老化に起因する」硬化症だけではなく、「直接的なもろもろの活動領域の奥行きがかすんでゆくなかで、速度に起因する行動の不活性の到来による」[17]硬化症を見ることになるだろう。

このような世界の縮小化は、比喩的な意味のみではない。マクロの地球が広くなくなり、開発すべき未踏の地がなくなるや、技術の革新によって、反転してミクロの世界が開発、投資の対象になる。それがまさしく人体という新たな植民地[18]であろう。序章で見たように、人体は外部が内部に貫通している〃ちくわ〃状であり、外部と内部の連続性がある。また人体の諸器官、臓器も、もろもろの機械《マシーン》との連接あるいは切り替え等、必要な処置を施せば接続可能である以上、臓器移植など、身体が未踏の大きな市場、新たな植民地として、地球を裏がえすように投資のブラックホールの地平を形成しているわけである。それがミニアチュリザシオンの実態であるとヴィリリオは語る。ヴァーチャル世界の優位から帰結する、世界の老化と、人体の植民地化、その平面上では、資本のロジックの飽くことなき運動に引きずられるままとなる。

目的地となる対象そのものが稀薄化し、その固有のトポスが失われ、絶えずつかの間の移動を強いられるか、あるいは途《みち》は頼りなく雲散霧消するかもしれない。それにともない、ミクロの世界において不確定性原理によって対象が不確定となるのと同様に、認識するとされる主観も不確定に揺動する。したがって、主観（シュジェ）、客観（オブジェ）の固定的図式ではなく、ヴィリリオの言うのは「トラジェ」（道のり、旅程、移動行程）が現象様態となる。しかし、そのトラジェはまさに速度に支配され、先述したように等閑視され格下げされているのが実情である。このような速度のベクトルの開く次元で、なお移動行程《トラジェ》が意味をもつような、走行圏に関する見方の変えかた、転換は果たして構想できるかどうかという問いが立ち上がるであろう。

注

（1） *La Machine de vision*（『視覚機械』）, Galilée, 1988, p. 125. 以下、*MV* と略記。
（2） *MV*, p. 125.
（3） *MV*, p. 125.
（4） *MV*, p. 129.
（5） *MV*, p. 128.
（6） *MV*, p. 133-134.
（7） *MV*, p. 134.
（8） *MV*, p. 134.
（9） *War and Cinema – The Logistics of Perception*, Verso, London/New York, 1989, p. 2.『戦争と映画』（石井直志・千葉文夫訳、平凡社ライブラリー、一九八四年）、一三～一四頁。
（10） *L'inertie polaire*（『極の不活性』）, Christian Bourgois, 1990, p. 9. 以下、*IP* と略記。『瞬間の君臨』（土屋進訳、新評論、二〇〇三年）、一〇頁。
（11） *IP*, p. 10. 同書、一一～一二頁。
（12） *IP*, p. 144. 同書、一九四頁。
（13） *IP*, p. 146. 同書、一九六頁。
（14） *IP*, p. 146. 同書、一九六頁。
（15） *IP*, pp. 146-147. 同書、一九七頁。
（16） 『電脳世界』（本間邦雄訳、産業図書、一九九八年）、一四〇頁。訳者の質問事項に関するヴィリリオの回答部分の翻訳。

（17） *IP*, p. 151. 『瞬間の君臨』、二〇二頁。

（18） *Cibermonde, la politique du pire*, Textuel, 1996, p. 54. 『電脳世界』、五九頁。

第四章　情報エネルギー炸裂社会とヴァーチャル世界の浸潤

ヴィリリオが描く、走行体制の支配的な世界における、速度機械、視覚機械のところ構わずの跳梁跋扈は、現代社会にどのような影響、効果をもたらしつつあるのだろうか。

われわれは、序章で、電子的なエレメントに貫かれているかのような様相を呈する今日の世界環境と、それに対応するメカニクス（一連の機械の進展）の相を考察するために、機械論の三段階に言及した。その第三段階の機械論に即応すると考えられる今日のテクノ－サイエンス社会をめぐるヴィリリオの思考は、速度、視覚機械、ヴァーチャリティー、地球の縮退、距離の廃棄、リアルタイム、といったキーワードで語られる。そこで、その第三段階にあたる速度機械の世界のありかたをめぐって、ここでは、情報産出の平面に注目して、二一世紀ではどのような段階を迎えているのかと考えてみたい。

ヴィリリオは *L'Art du moteur*（一九九三年、邦訳『情報エネルギー化社会』）のなかで、“moteur”ということばを提示している。その語からは原動機、発動機、モーター、エンジンといった語群がまず思い浮かぶだろう。それらは、機械の一種であるが、序章で述べたように、例えば足踏みミシンや（水車利用の）製粉機など、衣食に必要な材料を加工する役割をになう初期の段階の機械ではない。発動機はエネルギーそのものを生産する第二段階の機械である。つまり、エネルギーが「加工」の対象である。序章で触れたように、蒸気機関や内燃機関がそれにあたり、熱エネルギーを運動エネルギーに変換する。そうして大量に生産されたエネルギーを利用して、他の諸機械を稼動させる。

さらに水力発電、火力発電により電気エネルギーが実用化されてからは、送電システムの効率化とともに、第三段階の機械論の時代となる。すなわち作動機械（第一段階）や動力機械（第二段階）をコントロールする新たな機械の段階であり、それに即応する電子機器が新たに制御システムとして前面にでてくる。そのコンピュータ・システムの産出するものは、言わずと知れた電子情報データである。第三段階の機械論においては、物質・材料ではなく、またエネルギーでもなく、情報が「加工」の対象となる。その情報処理は、製造機械・機器のコントロールや動力機関の制御にとどまらず、社会のインフラ設備はもとより家庭内の家電リモコンやモバイル機器にいたるまで浸透している。このように加工処理される電子情報データが飛躍的に拡大しているのは、私たちが四六時中、目にするところである。

しかもそのことによって、電子機器が制御・調整システムとして、動力機械のオートメーションシステムをコントロールするという優位性が見て取れるだけではない。産出され加工される情報データとの相関関係におかれる、リアルな生産活動とモニター画面上のヴァーチャルな記号・映像情報が、実世界全体の布置にも変容を生じさせている点は前章でも論じた。場合によっては人間が関与することなしに、組み込まれたプログラムにより自動化されている。この点についてヴィリリオは、以下のように情報のエネルギー的側面に着目して、二〇世紀後半以降の急激な展開を説明している。

しかし、この理論的考察から見てとれる変異〔現実的環境にたいしてヴァーチャルな環境が浸透していること〕のもうひとつの側面も私たちの注意を引くにあたいする。それは、情報のエネルギー的側面である。第二次大戦直後から、それまで《質量》と《エネルギー》の角度からとらえられていた《物質》は、その概念を補完するために、《情報》の概念が補填されることになる。ところで、相対性理論が私たちに教えてくれているように、質量とエネルギーの通常の概念は区別されているが、《$E=mc^2$》によって等号で結ばれることから、今度は情報とエネルギーのあいだの諸関係を把握するよう努める必要がある。

一九五〇年代以来、「情報」をなんらかの「エネルギー」に、物理学者にとってはいまだ未知のエネルギー形態に同化する問題が生じている。可能態としての（ポテンシャル）エネルギーと、現実態としての（動力学）エネルギーのあとに、情報としての（サイバネティクス）エネルギーの可能性が登場したのである。当初は、もっぱら経営の情報処理《アンフォルマティック》の観点で、エネルギーの経済〔＝節約〕の側面が工業生産のキー・ファクターとして重宝されていた。ところが次には、シミュレーション情報処理の技術開発と、知られているように《遠隔《テレ》-作用《アクシオン》》を促進する遠隔《テレ》通信《コミュニカシオン》の飛躍的発展にともない、情報は他のエネルギーに劣らない応分なエネルギーとしてその姿を現わす。

　すなわち、イマージュ（映像・画像）としての、そして音声としてのエネルギーであり、遠隔からの、触覚と接触のエネルギーである……。物理的移動を節約することにより、遠隔《テレ》操作《オペラシオン》は突如、輸送のエネルギーの恐るべき競争者であることが露わになる。

　信号通信の絶対速度の利用は、（従来の）生産物、人材、財貨の流通の相対的速度を退ける。さまざまな制御装置（asservissements）のおかげで、通信《トラフィック》の自動制御は大きく改善されることになるが、気がつくと情報は、その限界速度と混同されている。

　このようなエネルギーと生《ライヴ》の情報の情報通信《テレマティック》上の融合／混同は、しまいには、電子工学《エレクトロニック》と情報処理《アンフォルマティック》との完全な等価性に行き着くだろう。あたかも電気エネルギー（l'énergie électrique）がひそかに情報処理エネルギー（*l'énergie informatique*）になっていたかのように。[1]〔強調は原著者〕

情報とエネルギーの関係について、ここでは、電子工学によって映像・画像・音声などに加工された情報が、人間の思考、感情、行動にひろく影響を及ぼす面で、れっきとした「エネルギー」としてとらえうる点を押さえておきたい（遺伝子〝情報〟など、学問分野により〝情報〟の用語にはそれぞれ専門領域の語義の展開があると思われるが、またヴィリリオも遺伝子操作の問題は別途、取りあげているが、その点はここでは措いておく）。科学技術の発達により物理的エネルギーとしては相対的に微弱な電気エネルギーで、膨大な情報処理・加工が可能になり、その「情報処理エネルギー」により、短時間で多量で精密な情報を映像・画像・音声として作成、産出し、そのヴァーチャル世界が人間の思考、感情、行動に影響をおよぼす。これはまさしくエネルギー作用と考えることができる。そのエネルギー効率を上げるために、マーケティングという名の情報収集活動がインターネット平面上でも広くおこなわれていることはよく知られている。電気エネルギー⇓情報エネルギー⇓意識、身体、無意識に作用⇓人間の行動をうながす、感情や思考をコントロールする、ということになる。

このように、膨大な入力データを高速度で処理し加工して莫大な量を出力、生産し普及させる現在の段階は、第三段階の機械論に対応するにしても、局地的な機械や機械システムの制御にとどまらず全域的に蔓延している面で、またそれが人間社会、人間環境のみならず自然環境、地球環境にも及んでいる点で、ヴィリリオは「情報化爆弾」が炸裂していると見る。それら情報データが無際限に増殖、連鎖し、炸裂する社会であるとヴィリリオは言う。[2]

ここでふりかえって考えてみれば、文明化されて以来、人がなにかをつくる、産出するということは、ある社会のなかで、つまり有形無形に分節され、多かれ少なかれシステム化されている社会のなかで、流通すべく加工され、用途も了解されている物品を、そのようなものとして行き渡らせるということである。つまり、衣食住にかかわる物品でも、製品としての道具や機械にしても、そのようなものとしてすでに社会的に了解され、実際に加工されている製品の流通・配分のシステムのあることが前提となる。社会的使用が了解されている、あるいは必要な情報が伝達されうるものとして、社会構成員にすでに枠組みとして共有されているわけであり、一次的消費の製品であれ、機械製品であれ、その歴史的社会に固有なものとして周知され、情報化されているはずのものである。すなわち、記号化されているのである。それら物品は情報化と緊密に結び付けられて、それ自体流動する、あるひとつの平面上に生起している記号現象とすら言うことができるかもしれない。それが顕著な時代に私たちがいるということになろう。

確かにこれらは現象的には真新しい面があり、私たちの生存にかかわる重大事ではあるにしても、本質的に突然生じた事態かどうかは、ヴィリリオの警告の意味を的確に押さえるためにも、われわれは立ち戻って考える必要があるだろう。世界の情報化、ヴァーチャル次元の日常化、さらにヴァーチャル・リアリティー化（仮想現実化）と言っても、「情報」はもちろん、「ヴァーチャル・リアリティー」もなにも現代の独自の産物ではないことは忘れてはならないと思われる。なにを「現実」とするかにもよるが、夢や夢想はもちろん、儀式や競技や遊戯や演劇は、その上演装置、上演時空も含めて、現実の知覚世界とは異なる、想像の次元、さらに一種のヴァーチャル・リアリティーを構成していたと言えるだろう。人は先取りや遅れ、猶予や媒介のない即物的な生活のみを送ってきたわけではなく、またそれをのみ現実としてきたわけではない。あるいは現実とは、そもそも本質的に媒介や差異化をともなうものであるとも言える。文字や書記や描像が即物的、直接的ではなく、なにほどかの遠隔性、遅延、仮想性、さらには死別という距離をともなうように。記録文書、詩文等はもちろんその高度な例である。

　それでは、現代の情報そのものの本質、メディア的な情報の本質はどこにあるのだろうか。ヴィリリオはガストン・ルルー（一八六八～一九二七）のことば「新聞には今のことではなく、先のことが書かれている！」を引いている。つまり「書かれたものが現実の物事よりも優位にある」(3)〔強調は原著者〕のである。新聞そのものの役割は、最近に起こったことを最新情報として知らせることというよりも、さらにそれ以上に今進行中のことがらを知りたいという読者の欲求に沿うことである。いずれにせよ昨日のできごとの確認ではない。なぜなら、それは既知である（はずのものである）から。以前のように、未知で遠い出来事を、比較的はやくニュースとして知る、知らせるというのではない。

ニュースはすでにリアルタイム（であるべきはず）のものである。「時間」そのものの観念、実質が変質しているのではないかというのがヴィリリオの考えである。したがって、予想記事や一歩先行する仮想現実が紙面に跋扈する。人々の耳目を集める裁判や犯罪、スキャンダルやゴシップ記事も事欠かなかっただろうが、それらについて昨日の結果を伝えるにしても必ずそれにともなう今後の展望、予想が幅をきかす。それがなければ読者は満足しない。予想記事（事件の推移、政治、選挙、株価、外国為替相場から、服飾の最新流行、競馬まで）が新聞の本質ですらある。したがって、リーク、思惑、デマ、誘導、隠蔽が横行する。〝社会の木鐸〟というよりも、むしろ〝鏡〟である。それも、そう思いたい（思わせたい）〝現実〟の〝鏡＝虚像〟であろう。二一世紀の今日に頻発する、ＳＮＳによるフェイクニュースなどの情報の発信・共有・拡散は、その延長線上にあるのだろう。

こうして情報が産出される。それは先に触れたように、メディアのハード（情報の電子的産出システム）とソフト（情報の記号的産出・編集）によって二次的に種々の「情報」という加工品が産出され、氾濫するということのみを意味しない。先に述べたように、衣食住にかかわる物品・商品も「情報」という平面上に生起することがらにすぎないと言うこともできる。コマーシャルやファッションで実感されるだろうが、例えばワイドショーで紹介されてブームになる栄養食品や、旧聞に属するが、世界的に広がった狂牛病騒動、そして毎年のように報じられる鳥インフルエンザでも端的にわかるように、情報の平面を通して物品の消費や廃棄が踊らされているのである。産出される情報が世界の出来事を左右する。産出され流通し制御される情報が世界のリアリティーを構成する。世界を動かす。私たちが暮らしている世界は、情報が原動力となっている世界、今日ではその現象形態がビッグ・データと呼ばれる、過剰なまでの情報のナノ秒単位のデータ処理平面にリアルタイムで踊らされている世界なのである。情報エネルギーの全域的炸裂という新たな段階である。

2　内面という虚妄——内部の外部化

私たちの経験は、このようにすでにヴァーチャルとリアルが混じり合っている。そしてヴァーチャルな部分がますます各レベルで拡大し優位になっていると言える。その点を分析的に説明するために、ここでベルナール・スティグレールの所論（『象徴の貧困』）を参考にしてみよう。なお、スティグレールは、ドゥルーズの「管理社会《コントロール》」に対応する機械論的な段階を、「バイオ・デジタル時代」と言っている。

私たちは普段あまり意識しないにしても、いたるところ監視カメラによって監視されている現況に思いいたせば、それはやはり脅威以外のなにものでもないと感じてしまうが、そのとき図式としては、外部からの無数の不透明な匿名のカメラ視線と、それから守るべき〝内面〟という二項対立で考えがちである。しかし人間が、自分が直接触れ、そこにあるものとして信憑している外界からごく自然に受けとめている諸感覚も、経験的な形成物であるという側面は否定できない。すなわち、ベルクソンを持ち出すまでもなく、現在のこの感覚も過去の記憶と不可分である。そのとき、現在の知覚、感情の背景をなす過去把持は多層をなしていると考えられる。スティグレールは、今の「私」の知覚である（あり続けることを可能にする）「第一次過去把持」、「私」のフィルターを通した記憶の「第二次過去把持」、そして映像・記号記憶のなどの「第三次過去把持」があり、それらが渦巻き状の織物をなしていると考えている。[4]

さしずめ街中や公園を（望ましくはゆったりと）散歩しながら、または山道を歩きながら空行く雲を見たりするときに、次々にめぐりゆくその継起的連続性を保つのが「第一次過去保持」である。その折りに、過去の散歩を思い出したり、昨日の記憶を思い起したりすることもあるだろう。そのような「私」の個人的な記憶像に彩られていたり、また歩きなれた散歩道ならば、道順など「私」の行動の枠組みをなす記憶の図式なども働いているだろう。あるいは目についた路傍の花や、街中の店先に置かれた茶器から想起される過去のエピソードなども含むだろう。これが「第二次過去把持」と呼ばれると言ってよい。最後に「第三次過去保持」であるが、これは、歩きながら今、脳裏をよぎっているること、すなわち返事を思案している手紙やメールの文句、プレゼンテーションしなければならない企画の文言のあれこれ。このような個別的な「映像・記号記憶」ももちろんある。だが、この公園をめぐりながら移り行く光景から連想する、以前に見たテレビドラマや紀行番組の一シーン、そしてなぜか浮かび上がる歌のフレーズや耳に残るテレビのコマーシャルソングなど、メディアを介した記憶も多く広いはずである。そのような習慣の累積した、「私」の脳裏に浮かぶ意識的、無意識的な「映像・記号記憶」の網目こそ眼目であろう。というのも、それらが習慣化されているということは、「私」だけにかかわらず、だれもが多少ともそのように枠組みや網目に無意識的に習慣化されていることは多いにありうることだからである。一種の集合的記憶をなすかもしれない。

つまり、今日では、まさにそのような過去把持の装置が、情報メディアによって画一化されつつあるのである。個人とはなにより消費者である以上、その共通の記憶を刷り込まれた感性がまさにマーケティングの対象ともなるのだろう。こうして、ハイパーインダストリアル社会では、「私」は商品に取り囲まれながらも、商品を使用しているつもりで、その実、商品に手足を動かされ耳目も引きずられてエネルギーを消費し、かえってそれらにエネルギーを吸い取られる。むしろ生き辛さにさいなまれ、おのれの希薄感に焦燥しもする。

前節でも述べたように、リアルタイムにおけるヴァーチャリティーの優位ということは、見方を変えれば、「内部」と「外部」の逆転ということである。輸送・通信に関する相対的な速度の世界ではなく、光速度による伝播の世界では、地理的距離の廃棄はもちろん、現地時間（ローカル・タイム）も消滅する。君臨するのはリアルタイムの「世界時間」である。「世界時間」が時を刻むのは、すなわちグローバル化されているのは、馴染みの知覚世界を離れたヴァーチャルな世界である「内部」である。そのとき、地球上の私たちの目に見える「外部」は、派生的、末梢的なものとなり、世界を事実上動かす「グローバル化された世界の電子的なエーテル」[5]に浮ぶ「ヴァーチャルな世界」の活動の残滓にすぎないと言ったほうが適切であろう。

ことほどさように、堅牢とした〝内面〟などありようもなく、自分だけのものと思っている記憶の世界も、その固有の知覚経験、言語経験の雲は、映像・記号といった情報化されたヴァーチャルな大渦に巻き込まれていると言える。内と外は遮断できず、空想的な内部に閉じこもることはできないだろう。むしろ、〝内面〟とされる領野こそ、ヴァーチャルという、はるかに広大で、はてしない〝外〟というべき電子エーテル的な世界に蚕食されている。あたかも『ガリヴァー旅行記』(スウィフト)のラピュータ島のように上空に漂うヴァーチャルなエーテル世界からはみ出て振り落とされようとする、わずかばかりの身体という(かつてはみずみずしい感覚を備えていたかもしれない)外部は、残余の卑小なもの、無力なものとなって、ともすればなにごともないかのように照りそそぐ日光を浴びて干からびそうになる。

このように人間の感覚も精神活動もヴァーチャルな次元に支配されつつあり、そこにおける思考・行動原理が優先される以上、身体活動にも深刻な影響が生じ、地理的世界も縮減し、縮こまる身体、縮退する世界の様相を呈することになる。そこには当然のことながら資本主義の原理もはたらいている。資本主義の原理は、数値的効率主義と連動しているので、デジタル化された大量のデータで構成されるヴァーチャル世界によく馴染む。加速を強いられる身体(肥満解消など、身体改造の強迫的加速もある）、縮退する世界、機械による身体への資本投下と搾取、収奪される新たな植民地＝身体。その典型的な例を、ヴィリリオも挙げるオリンピックを例にとって考えてみよう。

3　スポーツのヴァーチャル化――情報メディアで踊るオリンピック

ヴィリリオの所論を見るまえに、オリンピックについて、われわれもその歴史をざっと紐解いてみよう。そして古代オリンピックが神々の祭典、神々への奉納として始まり展開していったとすれば、いわゆる近代オリンピックは、何の祭典、どんな神（々）、あるいは敬うべき対象への奉納と言えるのだろうか、と初歩的質問を投げかけてみよう。

オリンピアのゼウス神殿に捧げられた競技。徒競走、槍投げ、砲丸投げ、レスリング、馬車競争もあっただろう。全裸の男子がその技と力を競い合う。その純粋な力と力の蕩尽が、神々さえ熱狂し夢中になるような、このうえもない捧げものとなる。参加資格は各ポリスの市民である成年男子。ゼウスの神のみもとで、鍛え上げた技を競い合う、ギリシアのポリスの一体性のシンボルともなった。

それらの競技をひとつひとつ見てみると、それぞれ狩猟や戦闘のための、石投げ、槍投げ、追っかけ、取っ組み合いなどが、少なくとも技術として習慣化され、制度化された熟練技を原型としているように見える。それらを戦闘の文脈から切り離して、純粋に享楽的な競い合いの祭典としておこなうことは、必ずしも付随的、偶然的なことではなかっただろう。もともと石を投げるという行為、投擲が、たんに獲物を獲るという理由のためだけではなかったかもしれない。始まりなき始まりとして、なにを意味し、なぜおこなうのかという問いは措いておくとして、たんに投げるという出来事、そこには事後的に、なにかふっきる、変化させる、躍動感、爽快感などがふかく結びついていたかもしれない。

ちなみに古代オリンピックはなぜ途絶えたか。いろいろな要因があったと考えられるが、歴史的な主な理由としては、ローマ末期にキリスト教が国教化されるとともに、異教の祭典は中止に追い込まれたと説明されている。

さて、いわゆる近代オリンピックが一九世紀末に始まったことについても、それなりの理由があっと推測される。産業革命以降の工業発展にともなう階級分離、ブルジョア階級の余力。テニス、ゴルフ、サッカー、ラグビー、競馬など近代スポーツの主要競技が英国で生まれた、ないしは洗練されてスポーツ競技として熟したと言えるが、それはもちろん偶然ではない。もともと〝労働〟はしない貴族にとっては、狩りや乗馬や軍事訓練などがもっぱら身体運動、鍛錬であったが、そのうちに発祥地の考証はともかく、ポロのようなゲームも普及したのであろう。また一九世紀においてはブルジョア階級もそれにならったと言えるだろうが、相対的に増えてくる中産階級、労働者階級の身体労働からの週末の解放が、一定のスポーツの普及につながり、スポーツ人口を広げていったのは、まちがいないところだろう。日常の労働からの解放という、娯楽、遊びの非日常性が習慣化される兆しができてきたと思われる。それにつれて各種の競技大会も組織され、開催されていくことになる。もうひとつ、近代国家の興隆が、国際的競技大会、と言っても当初はヨーロッパと北アメリカなどしか念頭になかっただろうが（第一回開催アテネ大会は、ヨーロッパ諸国、米国、オーストラリア）、そのような大会の構想にむすびついていたと思われる。近代的な国民国家として、みずからを古代のポリスに見立てる。そのようなかたちでの自己確認、自己の力の発揚、その自信、自己顕示。そして、世界規模の大会。よく知られているように、すでに一九世紀には花開き一世を風靡した万国博覧会の発想と軌を一にする。

よく言われるように、オリンピックはスポーツの祭典と言われる。では、何に捧げられたのか、何をたたえた祭典なのだろう。開会式のクライマックス、ギリシアのオリンピアからはるばるリレーされて運ばれてくるあの聖火、あの点火は、何に捧げられるのだろう。もちろん、創設の趣旨の記録はあるだろうし、五輪憲章にもいろいろ書いてある。五輪は五大陸を表わし、それらのつながり、友好、人類の平和を表わすとだれもが聞かされてきた。そのような理念があることを否定するつもりはない。ただ、オリンピックの現状がどのようになっているか、それがどのようにはたらいているかを見極める必要がある。

ありていに言えば、五輪の商業主義云々と言われるように、聖火が捧げられているのは人間賛歌にと言いたいところだが、少なくともそれだけではなく、というよりもそのようなヴェールのもとで、現代の神である、資本主義にたいしてであることは歴然としている。そのこと自体は少し考えれば、だれしも気づくことであろう。われわれがここで考えたいのは、そう言い放つだけではなく、それがどのようにオリンピックのなかではたらいているか、とくに競技者や観客という人間にどう作用し、どのような行動にさしむけ、誘導しようとしているかについて考えてみることである。

オリンピックの提唱者のひとりクーベルタンが男爵という称号とともに語られるように、古代ギリシアへの憧憬をまじえた貴族的な発想が（それを近代資本主義社会で展開するとどのような困難に直面するかは措いておくが）、創設のすべてではないにしても大きな要因であったことは、押さえておきたい。ところがその理想主義的な「参加することに意義がある」、「アマチュア精神」という言辞は、過去にはあれほど「オリンピック」という語が発せられるごとに、鸚鵡返しのようにともない、ぴったり寄り添っていたのに、ことに一九八〇年代からそれらのことばが忘却の彼方に沈んでしまって久しい。「人類の平和」にしろ「共存」にしろ「繁栄」にしろ、同じ運命をたどらないともかぎらない。

それでも、また東京オリンピック（一九六四年）のころまでは、なんとか、選手たち、観客たちの心理には、参加して全力をつくすこと、その結果については勝者をたたえるとともに敗者にも健闘をたたえ惜しみない拍手をおくるというような、フェアなアマチュア精神は、ある程度、標語として機能していたとは言えるだろう。一九三六年のベルリン・オリンピックをもちだすまでもなく、イヴェントとしてのオリンピックはきわめて政治的プロパガンダであり、一九六四年の東京オリンピックもそれに劣らず政治的であったわけだが、そのレベルの問題は措いておく。オリンピックが変質したのは、選手がプロ化したからではない。逆である。オリンピックの四年ごとの開催と運営という興行形態が、メディアの普及ともあいまって不可避的に商業化を促進し、潜在的にプロであった選手たちの顕在的プロ化を、スポーツのショーとしての営利化の波のなかで、なしくずし的に促進した。いくばくかのプロの係数を身に帯びていなければ「参加」のレベルにすら達することのできない現状となっていったのである。エネルギーをただ蕩尽する、純粋なアマチュアはいない。

先に、一九世紀における、日常的な労働にたいして非日常的な楽しみの場としてのスポーツの形成に言及したが、人間のエネルギー消費としては生産労働と区別される、スポーツの領域も、当然のことながら資本主義の原理と国家の論理の支配を免れる別天地ではありえない。世界大会は商業主義のレールと制約に従わざるをえず（テレビ放送に見合ったルールの変更・時間設定、二〇二〇年東京オリンピックの真夏開催）、また国威発揚の手段と化す。それでも、現実世界に完全に取り込まれるというよりも、非日常的なスポーツの時空はそれなりに確保される。大会期間の相応の祝祭性は当然として、大会のメダル獲得数の順位は、リアル・ポリティクスの先進国の順位とおおむね相関的であるにせよ、種目によっては、現実世界の経済的優劣をそのまま反映しない（痛快な）結果もあり、そこに非日常的な祝祭性が確保されている。冬季オリンピックは全般的にそうであるが、五輪のサッカーでも、現実の国家の力関係を反映しない（ワールドカップはもっとそれが言える）。だからいっそう世界的に人気を保っているのかもしれない。これは、リアル世界ではない、非日常世界の確保であり、それは、ヴァーチャル世界と親和的である。ヴァーチャル映像としてのテレビ映像とも馴染むわけである。

とはいえ忘れてはならないことは、以上の仕組みが、資本主義にとってなんら不都合ではない点である。むしろ、生産労働以外の領域にも資本投下と回収の場を設けることができる以上、まさに（区分を保ちつつの）対象領域の拡大であり、はなはだ好都合なのである。

こうしてオリンピックは、当初あったとされる「アマチュア精神」の賞揚から離れて商業主義に走っていると言われて久しく、またそのことすら忘却されて幾年月であるが、以上の振り返りから、その金銭をともなう栄誉の追求を個々の選手の選択にのみ帰するのは単純にすぎよう。オリンピックそのものが、メディアの消費の対象となり、現実的なイヴェント産業として、今日のヴァーチャル世界の展開の一典型であるのみならず、今日の政治的世界のリアリティーから少しずれた、大衆の欲望の消費としての、実世界とは少しずれた仮想的現実を形成するものであるからである。二重の意味でヴァーチャリティーの論理と地平にあるのではないか。

このように禁欲的なルール（作法）を課し、見られるものとして観客を前提とするスポーツ自体が、祝祭的なヴァーチャル世界に親和的であるが、残念ながらそれだけではない。記録の更新を求める競技者の姿勢は、一センチでも高く、遠くに、一刻でも速くという姿勢が高速・膨大化するヴァーチャル世界と相同的である以上、必然的にデジタル・データで代表されるヴァーチャル世界の論理にしたがわざるをえない。

陸上トラック競走の計時の推移が、その間の事情を端的に物語る。一〇〇m競争に自動計測が導入されたのは、一九六四年の東京オリンピックからである。それまでは、一人の選手について三名の計測員によるストップウォッチ計測で中間値をとっていたという。(6) 見た目には同着にしか見えない、あるいは判定できない事象が、千分の一の精度のある電子判定にゆだねられて久しい。選手や観客はかたずをのんで電光掲示板の結果表示を見守る。生《なま》の知覚体験よりはるかに精度を増したリアリティーが、そこに映し出されるということになる。〝事実〟自体がヴァーチャル化しているということだ。競技場の現場で観客としてその目で一〇〇m競争を実際に見たとしても、結果はわからないままその記憶イメージは部分的な印象を残して少しずつ薄らいでいき、頼りになるのは、大型LEDディスプレーでの再現映像、スローモーション映像である。つまり、テレビ放映を観ている視聴者と同様、観客席にいる人々にとっても、決定的〝事実〟がヴァーチャル化していることになる。

昨今、サッカーなど他の競技にもAIによるビデオ判定の導入がなされ、また近々の導入が報じられており、(7) この趨勢はさらに広がるだろう。時間測定のみならず、技術向上のための身体・運動能力の測定が全面的に機器とそのデータ処理に依存していることを鑑みれば、スポーツはすでに本質的なところでヴァーチャル化しているとすら言うことができる。

ヴィリリオは、グローバル化の標語としてのNASAの標語「より速く、より小さく、より安く」[8]を引用していたが、まさに類同的な「より速くより高くより遠く」の論理を推し進め、テクノ－サイエンスの高速化にしたがえばどうなるか。デジタル画面の数字、数値化された評点が至上となり、順位はもちろん、表示される〇・〇一秒、一センチの切り刻みが栄誉と報酬に直結する（新記録更新にたいする、スポンサーの報酬）。そのためには、身体のトレーニング、筋力の増強や持久力の増大が根本的な課題となる。さまざまな科学的トレーニングが導入されているが、またそれ自体はニュートラルであるとしても、画像解析など、トレーニングそのものがヴァーチャル世界とつながり、あるいは重なってくる。身体が画像、イメージ化する次元である。トレーニングには栄養学や医学がかかわり、その方法や摂取物による身体機能の変化解析のためにヴァーチャル次元のデータ化も必要になる。したがって合法的であっても薬物投与などドーピングと地続きであり、そこにドーピング問題が顕在化する。近くは、二〇一五年一一月に発覚し、二〇一六年リオデジャネイロ大会前にWADA（世界反ドーピング機関）によって報告された、ロシアの陸上競技をはじめとする国全体の組織的なドーピング関与と隠蔽工作の問題が記憶に新しい。選手たちの個々の問題ではなく、国家的な意思が背景にあると考えざるをえないところが事の深刻さを増している。

しかしこのような汚点は偶発的な挿話であるかのように再び忘れ去られ、スポーツにおいては毎回のように、来《きた》るべき大会において、装具や技術の向上もあって新記録達成の大きな期待が、ほとんど事実として先行する。前景気を煽るメディアによる、新記録の期待という、ほとんど来るべき事実として可視化されるようなリアルな時空の先取りがある。ヴィリリオは、ヴァーチャル（virtuel）をリアルタイムの遠隔現前（téléprésence）の意味で使うことが多いが、そのことによって生じる「ヴァーチャル・リアリティー」について、以下のように語る。

いわゆる「ヴァーチャル・リアリティー」とはネット上で《電脳空間》をサーフすることを指しているのではなく、なにより、現実世界の外観の《光学的厚みを増大させる》ということを意味しているのである。(9)

このように、現実の事象が例えばテレビなどの映像による遠隔現前によって二重化され、平行化する場合もあれば、眼前の事象が映像的にも情報的にも「拡張現実」（AR）として「光学的」厚みを増すこともありうる。しかも世界時間において途切れることなく、南北・経度・緯度にかかわらず縦横に広小自在に遠隔現前し続ける映像はその現存性を増幅する。したがって、その映像や情報が優先的になりうるという信憑が、そのヴァーチャル世界が現実世界の人々の欲望や願望に大きな影響をあたえるという信憑自体が、起こりうること、未来の先取りを語ることを誘発するだろう。（本章の）1で述べたように「新聞には今のことではなく、先のことが書かれている」のであった。

ヴィリリオは『沈黙という方式』（*La Procédure silence*, 2000）のなかで、オリンピックのドーピング問題を取りあげる。「スポーツの極限においては、選手は空しいパフォーマンスを試みるために、死の危険をおかし、極限の科学の信奉者としての科学者は、その生物学的環境を激変させることで生きている人間を変質させる」[10]。そして、「アンチ・ドーピングの管理や選手たちの医学的追跡調査をすり抜ける、このようなドーピングの痕跡の消去は、分子的ドーピングと同様に、遺伝子操作、細胞増殖に路を開く」[11]と語り、ドーピングの避けがたい点を指摘する。

私たちは近いうちに（二〇二〇、二〇三〇年……）、もはや遺伝子横断的なサーカスの遊戯にすぎないようなオリンピック、ヒトゲノムの魔術師たちの差し向ける、超人技を誇る競技場の神々の殊勲に拍手が送られるようなオリンピックを迎えることになるだろう。[12]〔強調は原著者〕

そのような事態になったとしたら、そこでの主人公は、少なくとも私たちの通常意味している人間ではない。選手がサイボーグ化するのは、皮肉でも悲劇でもなく、小学生でもわかるような論理的帰結である。そして、観客もメディアの視聴者も、現実世界の憂さを忘れて、ヴァーチャル世界の祭典にただ熱狂するのだろうか。過去から未来への「進歩」や「調和」でも、「アマチュア精神」の賞揚でもなく、またほどよい祭典と日常性の往還でもなく、テクノ－サイエンスの展開と資本の自己増殖に加速される事態に応じて、競技環境の過酷さも厭わずに増強された身体の「超人技」の打ち出すタイム・距離の計測値をただ称揚し、順位に一喜一憂する映像が反復増幅的にただ重ねられ、世界中のモニターに無数に点描される光景が、二〇二〇年を含めて、近未来に展開されないとだれが言えるだろうか。

このようにスポーツの資本主義的祭典ということばさえもかび臭く感じられるほど、スポーツ－メディア－テクノロジーは、医学、優生学、分子遺伝学と同一平面を形成しつつある。まさにヴィリリオの言うように、『偶発すること』(*Ce qui arrive*, 2001) の一例となる。アスリートのドーピングは、すでに数え切れないほど実証され、報道されているように、やがて身体の衰弱、早熟性老化を招くだろう。そして、座してテレビ観戦する視聴者も、「電子的ドーピングの犠牲者」[13]となっているのである。

4　時間の加速化と「歴史」の変様

さて、このような時代にあって、「時間」のリアリティーとはどのようなものか。それは近代の構成的な「時間」意識とも違うはずである。ヴィリリオも言うように、「今」を構成している時間が加速され変質している。しかし、距離の廃棄、リアル・タイム性によって、たんに利那的になった、過去の蓄積や経験的な知恵が通用しなくなったとのみとらえるとしたら、それは的はずれだと思われる。過去の蓄積は膨大な情報として現存する。むしろ過去の事象の検索可能性とその速度は飛躍的に増大している。また同時に忘却や事実上の抹消・廃棄も増大しているだろう。その場合の構成論理が異なっているということではないか。ヴィリリオは、歴史的時間の変様について、以下のように語っている。

> フェルナン・ブローデルが、歴史のエネルギー的な次元、時間の加速について語っていたのはもっともなことである……。歴史的な編年史（年代記）の語り《レシ》が実際なんらかの書かれた情報であるということは、それはまたなんらかのエネルギーと質量《マス》＝群衆でもあり、生きている（人間という）種の情報でもある。
>
> 物質の三つの状態（質量、エネルギー、情報）は、したがって私たちの記憶のなかで活動している。もし私たちが歴史的時間の二つの状態、「エネルギーの」状態と「情報の」状態を関連づけることを拒むならば、この数年来起こっていることについてなにひとつ理解しないことになるだろう。時間は移ろいゆくが、変更されるのは速度であり、流れが変わるのは歴史である。時間は、ついには、ある超えることのできない加速の限界に達する。(14)〔強調は原著者〕

有史以来の歴史は、「書かれた情報」からなる。そこには、ある特定の時代について歴史のエネルギーが相応に裏打ちされた「情報」が入っている。その「情報」を解読したり解釈したり再構成したりするのが歴史（学）であるとしたら、その記述のいとなみはこれからも続くだろう。歴史が加速されるのではなく、「時間」が加速される、「現実」が加速されるとヴィリリオは言う。まず、「時間」、「現実」の加速から見ていこう。

4・1　「時間」、「現実」の加速

もちろん、今日でも人の住む世界に時間が流れなくなったということではない。〝時間〟の加速によって、世界時間を刻むヴァーチャル平面の作動に促された論理がはたらくようになるということである。

まず、大量のデータ集積・貯蔵からの抽出について。いささか旧聞に属するが、二〇一五年に世間を賑わせた「五輪エンブレム」のトピックは、今日の事態が生み出す典型的な例と言えるかもしれない。デザインのオリジナリティの問題は以前からあったが、既存のフォルムを利用して組み合わせ、新たなデザインを呈示するのはむしろ通例とされる。各パーツの出所は明らかにしてよいし、既成の形をパーツとして用いるのは、それが（これ以上分割されない）原子的要素《アトム》であるから、そもそも当然であり、なんら問題ではない。引用の組み合わせは枚挙にいとまがない。しかも、速度の時代では、膨大な資料の高速検索で、各パーツも類似の形態もピックアップが可能である。それを公然と利用するのは、デザイン業界での常識であったと言われる。ところが同時に、発表された当該のデザインについて、その近接・類似を指摘するのも、インターネット上で同じく高速度で膨大なデータから検索できるから、同様に容易になっている。発表されたデザインにオリジナリティがあるかどうかは、その線引きのしかたに懸かっているのだろう。

ここで注目すべきは、当該の五輪エンブレム案について、その基本図案やキーコンセプトを通して、デザインの膨大な集積データから、高速度で、近接・類似したパーツを組み合わせた既存の図案が探索されて、部分的にせよ類似するエンブレムのいくつかが呈示されうるというその事実である。そのしかたが、ヴァーチャル平面で膨大な集積データから、基本タイプや基本コンセプトに沿って、それに見合った一群の結果を抽出、あるいは構成する論理、編み方のアナロジーになっているのではないかと思われる点である。それが現時点でのコンピュータ利用の創案ということであろうか。しかしその場合、およそ気づかない（忘却の彼方から拾ってくるというケースであっても）要素の組み合わせの出現という、意外性のあるケースはどのように目論まれるのか、どのように実現されうるのかという問いは残るだろう。

次に「時間」、「現実」の加速の、リアルタイムの情報伝播の面に関しては、おもに社会事象に関わるはずである。私たちにとって目に見え気づくことのできる社会現象として察知したり、考えられることとしては、迅速性の優位・強調からの、短絡的、ショートカット的言説、短文、単純化、二分法的思考、そして説得、修辞の軽視、不要化（したがって、権力的記号の前景化）、プロセスの無視あるいは軽視。そのプロセスの軽視により、原因‐結果、因子の作用‐効果・結果についての入念な検討にこだわることなく、膨大なデータから当面の事案に関係する類似・近接のケースを集積して確率論的に最適解を求める。数値至上のため、合理的根拠のないデータの恣意的改変も頻発する。寄せ集められたデータの紡ぎ方は確率論的に有効な、処理可能なしかた、都合のよいしかた、場合によっては誘導的なしかたでなされ、残余は忘却される。

人々にとっては〝速度〟による、強迫、追い立て、切迫が常態となる。組織体、企業体においては、身近なところで言えば、例えば、終身雇用の廃止、期限付雇用、部課長制の廃止、年功序列の再編、総じて、個々の経過の厚みではなくて、その時点での平準化された平面において有効な統計・確率論的凹凸が評価されることになるだろうか。そして昨今の報道によれば、法案審議の粗雑、喫緊の課題という理由で安易な法制化、審議せずなし崩し的に閣議決定で済ませる等々も関係していると言える。緊急事態条項の導入論議の紛糾（二〇一七年）も同根である。

4・2 「歴史」の変様

それでは「時間」が加速され、「現実」が加速されるとき、「歴史」はどうなるか。私たちの日々のいとなみにおいて、私たちの生体的リズムにお構いなく刻まれる「時間」が加速され、速度が増大する。人間の近代の歴史を構成する、成否の程度はともかく、戦争と平和の歴史的記述に学びつつ築き上げ積み上げてきた蓄積がある。それらがたんにビデオテープの早回しのように「加速」されるのではないということだろう。

先に（本章の2）述べたように、光速度による伝播の世界では、地理的距離の廃棄はもちろん、現地時間（ローカル・タイム）も消滅する。君臨するのはリアルタイムの「世界時間」である。「世界時間」が時を刻むのは、すなわちグローバル化されているのは、ヴァーチャルな世界、〃内部〃であるかに見えて実は広大な〃外部〃である。そのとき加速されるのは「歴史」ではない。[15] 先に述べたように、時間が、「現実そのもの」が「加速化」されているのであり、歴史は記述として、その現実の「加速の限界」の様相を表記しなければならないだろう。

そのリアルタイムの現実に詰められている、双方向性も含む膨大な情報をもとになんらかのしかたで紡がれて私たちの現況を偶発的（accidentel）に支配し、変化するような事象が問題となろう。それが、二〇世紀までの観点からは逸話的な些末事の絵模様あるいは起伏のように見える種類のものだったとしても、そのように「情報」が紡がれるしかた（それにしてもだれが、というよりも何が紡ぐのか?）、物語られるしかたとその内容が一変せざるをえない局面にいたっているということだろう。

すなわち、偶発的な出来事や些末事と見られた事象がそれらに関与する固有名詞（群）も引きずって、ヴァーチャル世界を通してその起伏が少なくとも一時的に増幅され肥大化することもありうるということになる。ヴァーチャル平面にはたらく、偶然的あるいは人為的ななんらかの作用で、諸メッセージを載せる情報の平面の隆起や陥没や回転や反転が、メッセージ群の既存の連鎖では予想できない、任意の結びつき、組み合わせを言語化し、それらが人々に反射的な反応を呼び起こし、拡大、拡散し、そのことが例えば分断や同調として社会の事象を方向づけるということになれば、それを記述するのが「歴史《イストワール》」とすれば、それは別な物語《イストワール》となるかもしれない。少なくとも、今までの人間の歴史の論理や展望の論理とは相当のずれがある。先に挙げた、短絡的、ショートカット的、単純化、二分法的な論理、結びつけ方により、事象の別な浮彫りのしかたが歴史の「風景」をかたちづくるかもしれないし、それはいわゆる先進諸国で、もちろん日本でもすでに起こっていることなのかもしれない。

ヴァーチャル世界の優位、それにたいしてヴァーチャル世界の侵入を防ぐことはできない。それは先に述べたように、外部からというよりも内部から圧倒的に侵入するからである。その意味でヴァーチャル世界の論理にただ付きしたがうのでは、ヴァーチャル世界のリアル世界にたいする優位に基づく、集積データからの（人工知能による）確率論的パターン抽出のようなものを手なずけることはできないだろう。また、社会事象に関しても、偶発事、小さな出来事の増幅（例えば、チュニジアの「ジャスミン革命」〔二〇一〇～一一〕もその一例とみなすことが可能であろう）の世界的な拡散はいつでも起こりうる。

それは速度によって、精神も身体も引きずりまわし、エネルギーを吸い取り、憔悴させることになろう。このように速度至上世界は、身体にも大きな影響をあたえる。また、こうしたヴァーチャル世界は、精神活動に関しては宗教ともなじみやすいだろう。宗教は、歴史を振り返ってもわかるように、メディアやヴァーチャル世界と親和的である。

歴史は、少なくとも人間的な歴史は「現地時間の消滅とともにその具体的な基盤を失ってしまった」とヴィリリオは言う。加速されているのは、現実そのものであり、しかも私たちに現実の概念そのものを転倒するように仕向ける。ここにあると思っている私たちの知覚世界、太陽光の下の世界は、それらの転倒で浮上する〝内部〟のヴァーチャル世界の影にすぎないかもしれない。否、ヴァーチャル像《イマージュ》が影だとすれば、そのような影の影にすぎない。〝人間〟の「歴史」ではなく、別な編成のしかたになりつつある？ということだろうか。フーコーの語る〝人間の終焉〟につながるのだろうか。

以上のようにヴィリリオの思考とそこから帰結する状況は、警告的であり、機械やシステムの環境の本質的な意味あいをわれわれに再考させるものである。ヴィリリオは、テクノ－サイエンス至上主義は紛れもない宗教的な機械信仰（「機械神の帰依者」[16]）だと警告する。先に述べたように宗教そのものがヴァーチャルな精神世界になじみ深いので、電脳世界と親和的なのだ。このように高速度でヴァーチャル世界の展開する情報炸裂・インフレーション社会において、にもかかわらず差異的現実を構成する諸要素、諸平面の関係性、分節を問題にすべきであるとするなら、なお考えるべき点は、機械と人間の交差する平面で、あるいは、序章で述べたように、機械の概念、人間の〝身体〟概念そのものの変容をも見据えることのできるような平面において、「時間」に関わるどのような論理を、われわれがいかに構成することができるかにあると言えるだろうか。

注

（1）*L'Art du moteur*, Galilée, 1993, pp. 177-178. 以下、*AM* と略記。『情報エネルギー化社会』（土屋進訳、新評論、二〇〇二年）、一九三〜一九四頁。

（2）*La Bombe informatique*, Galilée, 1998. 以下、*BI* と略記。『情報化爆弾』（丸岡高広訳、産業図書、一九九九年）参照。

なお情報とエネルギーに関しては「情報発電所」という言い方も出てきている（梅田望夫『ウェブ進化論』ちくま新書、二〇〇六年）、五七頁。

（3）*AM*, p. 64.『情報エネルギー化社会』、六七頁。

（4）ベルナール・スティグレール『象徴の貧困』（ガブリエル・メランベルジェ＋メランベルジェ眞紀訳）新評論、二〇〇六年、九二頁。

（5）*BI*, p. 28.『情報化爆弾』、二三頁。

（6）『朝日新聞』二〇一九年五月二一日・朝刊。

（7）『毎日新聞』二〇一九年五月二一日・朝刊。

（8）*BI*, p. 77. 同書、八七頁。

（9）*BI*, pp. 24-25. 同書、一九頁。

（10）*La Procédure silence*（『沈黙という方式』）, Galilée, 2000, p. 34.

（11）ibid., p. 44.

（12）ibid., p. 45.

（13）*Le Grand Accélérateur*（『大型加速器』）, Galilée, 2010. p. 70.

（14） *AM*, p. 183.『情報エネルギー化社会』、二〇〇頁。
（15） *BI*, p. 18.『情報化爆弾』、一一頁。
（16） *Cybermonde, la politique du pire*, Textuel, 1996, p. 81.『電脳世界』（本間邦雄訳、産業図書、一九九八年）、九七〜九八頁。

第五章　時間の支配と差異化

旅寝の朝に寝ぼけまなこで、はてここはどこだったかと戸惑いつつも、ああそうだったかと状況を立て直す場合とは事情は異なるにしても、今ここにある現状にたいして、それをまるごと理解するのではないにしろ、ある程度把握しうるかたちで提示しようと努めること、しかもいくつものとらえ方、見方、分析のしかたがありうる様を、それもできるだけ細部に注意して、少なくともそのひとつをあれこれ書き出してみること。また現状のとらえ方の言説そのものについても、そのよってきたる仕組みと想定されうるねらいに注意しながら、またその解釈も多様であることを忘れずにいること。現代の混迷においてまず思考が担うべきつとめは何よりもこのことではないか。その際、なんらかのかたちで今日の現状の分析は不可欠であるので、当然、テクノ－サイエンス社会のきわめて今日的な政治的現実にも、思考の平面でかかわることになるだろう。

1　速度環境の飽和、過飽和

考えてみれば、私たちは地上にあって、めまぐるしく動く相対的運動の世界のなかに自身もなんらかの運動をしつつ存在している。もちろん静止も、逆進も、加速も減速もある。しかも、多様な差異的な運動世界が所与のものとしてあたえられたり、現象として主観によって認識されるというよりも、そのような運動世界がその時々、その時代々々に現出している、あるいはそこにいる自己を見いだすというかたちで経験される。古くは太陽や星座の運行が一日のリズム、周行をおしえ、歩行や馬による移動が旅程をえがき、移動空間を構成していた。また船による河川や海洋の移動も権力の帰趨を左右する重要なファクターであり、そのような主たる移動性を実質的に掌握する集団が支配階級を構成していた。ヴィリリオが分析するように、速度と政治の関係は世界史を通じて密接であった。

そして前世紀において、その支配的な速度は飛躍的に増す。二〇世紀前半においては、それは電撃戦として経験された。周知のように、ドイツの戦車隊はいとも簡単にマジノ線を突破してフランスに侵入した。ヴィリリオは次のように語る。

　私はそれを、私が体験した時間のギャップの例としてしばしば取り上げています。私はナントにいました。ラジオで、ドイツの戦車隊がオルレアンに来ていると言っていました。と、突然、通りに物音が聞こえました。私は窓に駆け寄りました。戦車がナントに来ているのです！　それが電撃戦なのです[1]。

あっというまにキャタピラの音。戦線の一進一退の地理的せめぎ合いではない。そのような空間は電撃的に引き裂かれ、がらり一変する事態。なるほど時間の流れは一様に同じテンポなのではない。われわれの外にある単調な時計の時間だけでは測れない。それは速度の様相を顕著におびる。「速度は新しいリズムになります、というよりも速度は環境（milieu）になるのです[2]」。突如、今までとは一変する時間‐空間。速度環境にあることがまざまざと経験され、その環境の特徴があらわれたと言えるだろう。さらに第二次大戦後半期は、制空権をおおむね英米が握っていたことから、戦火のなかで地上と空中の奇妙なねじれを意識したとヴィリリオは語るが、このような時空のねじれこそが、リアリティーがあったわけである。

戦時環境のなかでの戦車の到来が速度という出来事であったとして、それでは個別の運動体、局所的な運動の当体ではどのように速度が実感されているのだろうか。ヴィリリオは、第二章でも触れたが『ネガティヴ・ホライズン』（一九八五年）で、自動車の高速実験について語っている。空と地をわかつ地平線に向かって疾走する車は、地上における速度の鑑というべきであろう。疾走する車には負荷が重くかかるので、レーサーには充分な体力と運動能力が必要であるという。そのような究極の高速自動車の実験は、砂漠や塩湖、凍った湖など、鏡にも比すべき路面でおこなわれる。路面それ自体が高速化装置となっている。

そのとき、たんに高速の車が、砂漠を疾走するというだけではない。フロントガラスの光景も、砂漠も大気もスピード化している。固有の時空のゆがみというだけでは足りないだろう。相対的に変容しあうスピード場のなかで、突進、陥没するイメージである。猛烈なスピードそのものが軸となり、あっというまに迫り来る点景が瞬時に左右に飛び散っては消えゆく、スピードの光景としてこそ実景化する。〝ネガティヴ・ホライズン〟がその果てしない速度の実景を面前に展開しつづけ、こうして、地平線は一挙にのりこえられ、地上における速度の究極のすがたがここにある。

それでは、高さへの飛躍はどうだろうか。重力に抗して上昇することは、いかにしてなされるか。ヴィリリオは、『脱出《リベラシオン》〔＝解放〕の速度』（*La Vitesse de libération*, 1995）のなかで、ロケットが宇宙空間へ向かって放たれる際の、地球の重力からの「脱出速度」、引力を突破する速度について語っている。速度環境の極限値ではないにしても、大気圏から脱して宇宙空間に入るとき、その不連続的な、飛躍的な変異点はどのように経験されるだろうか。宇宙飛行士の証言を引きつつ、そこでは高さと低さが逆転するとヴィリリオは語る。それは「高いところに落ちる（tomber en haut）」経験、「高所への落下（chute en haut）」[3]であるという。地球から上方に向かって発射される有人宇宙ロケットでは、進行方向が上方として意識されるだろう。その慣性的な感覚が大気圏を突破した後も続くとすれば、無重力状態でもロケットの頭部は進行方向に向いている（アポロ宇宙船は飛行士の座席は進行方向に向いている）から、その方向は上方として認識されているだろう。だとすれば、例えば、そこから月面に向かう場合、月面に立つことをイメージするならば、上方への落下、「高所への落下」と感覚されるということになろうか。

あの《一四〇〇年代》の地平線に向かう消失点は、今やこの《一九〇〇年代》の消失点によって二重化されている。すなわち今日では、高所への脱出口がある。人工的な反重力によって、人間は地球の引力、ずっと長いあいだ人間の習慣的活動を方向づけてきた重力空間の安定性を脱することができるのである。

すべてがこの世紀末にひっくりかえる。たんに地政学的国境のみならず、遠近法的地理の境界も。

尻と頭がひっくりかえる。脱構築は芸術の外観と出現の脱構築のみならず、さらに世の中の風景が突然透明化する脱構築となる。

これからはエーテルの中で、飛んだり泳いだりする術を習わなければならなくなるだろう。(4)〔強調は原著者〕

一四〇〇年代のイタリアルネサンスの遠近法、透視画法は消失点をもっていて、いっさいが限りなくそこに収斂していた。ないしは限りなく遠いその無限遠点へと近づいていたが、一九〇〇年代の遠近法は、地平線・水平線を乗り越えることはもとより、空高い彼方に消失点ならぬ「脱出口」をもっている。そこを突破すると、ロケット内の環境はそれ以前と同じであるとしても、まず高低の逆転が経験されるだろう。低さと高さの関係が指標として役立たなくなるのである。が、それだけではない。「地球の引力を越えると、もはやその名にあたいする空間はなく、あるのはただ時間だけ[5]」〔強調は原著者〕になる。

イタリアルネサンスの太陽のもとで、トスカーナのブロンドの丘陵の「地理学的」空間、つまり遠近法的浮き彫りによって近隣の世界のいつ変わらぬ光景を形成するすべを知っていた「幾何学的」空間ではもはやなく、空の外、海の外の空間であり、その暗闇はもはや太陽の不在によるというよりも、空間のない時間の夜にほかならないような、いわゆる「宇宙空間」なのである。そして計測できる広がりとしては、季節のないあの「光年」の広がりしかないからである。というのも、昼/夜の交代に、今後は、地球空間と、それのない地球外という交代が待ち受けているからである。[6]〔強調は原著者〕

彼らの経験するのは、「空間のない時間の夜」である。ロケット内では高速移動の実感はもてないだろうから、ただ沈黙の時間として環境が意識されることも含意されているだろう。そして月面上の「静かな海」で、宇宙飛行士の活動する「定点」は、「地球から月までの移動行程《トラジェ》の時間のなかの落下点[7]」なのである。宇宙の現実、環境として経験されているのは「移動行程《トラジェ》の時間」なのであり、その時間領域において行き当たったところが「高所への落下」点としての「月面」であるとヴィリリオは言う。時間という環境の中をただ旅している。その先の「月面」では、まさに地に足がついている感覚をもてず、任務を遂行しているものの、現実的に体験している感覚をもてない旨が報告されている[8]。

宇宙飛行士の、まさに星間的存在としての体験は興味深いところであるが、われわれとしては、時空に関する現代の宇宙物理学のさまざまな仮説を想起させつつ、時間が（宇宙）物質化するような経験が語られていること、時間が空間にたいして優位にあること、つまり、時間が環境となり、その分節のしかたがもっぱら「光年」としてしか知らされない未知の場であること、そして重力を脱した場が、「物質－空間－時間の突然の〝脱現実化〟という脅威に直面する」点において、「ヴァーチャル空間」(espace-virtuel)、《電脳空間》(CYBER-ESPACE)[9] に類同的であることを押さえておきたい。

2　ヴァーチャル空間の増幅による現実の加速、追い越し

テレビによる映像効果、とりわけその増幅効果の大きさとその影響の深刻さに関しては、すでに

ヴィリリオは、一九九三年の時点で、その後の惨事が深刻なので今や忘れられているが、世界貿易センターの一九九三年の最初の爆弾テロをめぐって、それがまったく新しい大量殺人テロになりうること、またテレビ中継の宣伝効果と不可分であることを指摘していた（『出来事の風景』一九九六年)[10]。ヴィリリオの予見の的中を示す一例である。

ところでジャック・デリダ（一九三〇〜二〇〇四）は、流通するテロリズムという語を洗いなおして、それが必ずしも自明な概念ではないことに注意を喚起している。つまり、戦争、暴力とどのように異なるのか、しばしば使われる国際テロ、国家テロということばはどのような性質のものか等々である。また、ほとんどの場合「テロリスト」は自称されるのではなく名指しされるのであるが、名指される当事者のほうは、みずからは正当な暴力対抗措置であり、そのように仕向けた相手こそ、いっそう「テロリスト」であるという言い返しを判で押したようにとることを指摘している。さらにテロの効果は必ずしも数量に還元できない点、また意識的、意図的な行為だけをテロといってよいのかどうか、病気や飢餓で死なせることはどうなのか等々、われわれに反省的思考をせまる。さらに「テレビがなければ、九月一一日の事件は何であっただろうか」と問い、その事件の組織者にとっても、「テロリズムにたいする戦争」を宣言した側にとっても、「最大限のメディア化が、両者に共通の利益」〔強調は原著者〕であった点を忘れてはならないと言っている。つまり、デカルトの『方法叙説』の「良識」をもじって言えば、メディア化は「世界にもっともよく分け与えられているもの」[11]なのである。

さまざまなかたちで今もなお論じられ、また論じられるべきであるこの事件については、ここでは以上の点のみを押さえておいて、われわれは、同一の平面で同じく重要と思われる、テレビの効果にまつわる問題を別な観点から検討してみたい。

旧聞に属するが、二〇〇三年一〇月に発覚した、日本のテレビ局の視聴率買収事件は、ある意味で必然的であった。そもそも視聴率のサンプル世帯には、一分ごとに集計がとられ、その数字が年間二兆円もの広告費の帰趨を左右する非常に大きな意味をもつということが否応なくインプットされている。買収者の件は論外としても、該当世帯には相当なバイアスがかかり、各世帯においてザッピングが多くなりはしないか、新聞も含めたメディアの宣伝、視聴を誘うその磁力に過敏に、ときには適応過剰になっていはしないか等々さまざまな疑問が浮ぶ。

ここでは、有意の差をめぐる誤差範囲がどの程度であるかについて学問的にいかに検証されているかといった疑問や、現在、(新聞紙上の発表等では)調査会社が一社しかないことの妥当性についての疑問は措いておこう。ただ関東地区でその数六百世帯と言われるが、[12] それを耳にするとき、筆者はフランスで俗に言われる、二百家族(ドゥサン・ファミーユ)を思い起こしてしまう。フランスの産業を支配するブルジョア階級の家族がこのくらいあると、事実かどうかはともかく巷間でこう言われているのだ。こちらの六百家族は定期的に交代するとしても、視聴率を代表する、というよりもチャンネルひとつで視聴率を支配する甚大な権力を担っている点でどこか似ている。選挙の一票が国民の権力の行使であるのと比べたら、一世帯はまさに一〇万倍の権力が行使できるわけだ。そこから出て来る数値に業界関係者が一喜一憂すると言われる以上、またその出所が秘匿されていることになっている以上、形の上ではまさに六百家族は視聴者全体を代表するヴァーチャル家族である。彼らは現実的存在であるとしても、自分たちの視聴行為はメディアの欲望に加圧されたヴァーチャルな平面でおこなわれると言えるし、国民にとっては現実的に見えないことになっているヴァーチャルな存在である。そこを握れば、全体を左右できる。現実にたいするヴァーチャル世界の構造的な優位の、典型的かつ顕著な例である。そこに介在するのは、時間の売り買いとして現象する、資本による時の占有の欲望、時間の帝国という欲望である。地理的地図ではなくて、視聴時間の「買占め図」であり、ここでも空間にたいする時間の優位があらわれている。これはまさしく、ヴィリリオの言う「時－政学」(chrono-politique)[13]的検討の対象であろう。

一方、メディアはメディアとして視聴率や購買数の増進のために、どのような情報を提供しようとしのぎを削っているのだろうか。前章でも述べたが、メディア的な情報の本質はどこにあるのかという点について、新聞というメディアが、その登場以来つねに現実を先取りする傾向をもつ点にヴィリリオは注目する。つまり、新聞そのものの役割は、今進行中のことがら（がどうなるか）を知りたいという読者の欲求に沿うことである。したがって、予想記事や一歩先行する想定事態がますます紙上を賑わす。昨日の結果を伝える場合も、必ずやそれに関する今後の予想や展望で彩色される。メディアは、〝鏡〟、それも、期待、不安のあまり、先取りの欲望そのものでふくらんだ〝現実〟の〝鏡＝虚像〟となる。

この点も例に事欠かない。メディアの本質は、速いほど良い、先取りが早いほどよいというほとんど戯画化されている例、しかしある意味では深刻な例が、この十数年来の国政選挙当日の報道番組である。各局は競って午後八時台から、「出口調査」による獲得議席の先走り予測をしていて、その数字にもとづいて、仮定のうえの話であるにしてもキャスターや評論家や政党関係者の面々がいわゆる政局を語っているが、まさにデスク上の空論に近く、まるで足が地に着かず、筆者はつまらなさを覚えるのが常である。個人的にはむしろ三〇年前くらいの選挙速報のほうがずっとおもしろかったと記憶している。なぜだろうかと考えて、はたと気がついたのは、今は各局がほとんど完全に、途中経過を無視していることであった。選挙はその選挙運動期間を含めて、しばしばマラソンに喩えられるが、筆者がとりあえず見たかったのは、五キロや一〇キロで勝負がついている（いわゆる無風選挙区）ところは別にして、マラソンで言えば三〇キロを越えたところからの逆転あり、再逆転ありのデッド・ヒートであって、そのディテールだったのである。つまり、各開票率における、各候補者の票数、その順位の変動と僅差の票数のリアリティーに触れたかったわけである。刻々の変化、リアル・タイムの臨場感はかつてはそのように現象していたはずである。

それが、各局とも完全に抜け落ちている。近頃は、淡々と開票率ごとの選挙速報をやる局は公共放送を含めて一局もない。結果の予測を早く知りたい視聴者も多数いるだろうが、それ以上にプロセスを楽しみたい視聴者も少なくないのではないか。一般のテレビ視聴者にとって、午後八時に決まっているはずの（神のみの知っている）結果を最終的に知るのが、先走りの誤報のリスクを負ってまで、二、三時間延びるのに我慢できない視聴者ばかりとは思えない。むしろマラソン中継の途中で、有力選手のゴール予想タイムとそのシミュレーション映像を延々と見せられているようなものだ。そしてその当落予測が完全に間違っている誤報のケースが最近でも生じている。二〇一六年の参議院選挙でも当選確実の誤報があった。明らかに、リアル・タイムでの結果の先取りを求めすぎて、現実のプロセスの時間を無視して通り越そう追い越そうとするあまり、時間を踏み外したわけである。選挙はお祭りの要素も少なからずあるといわれる。運動会の「玉入れ」の結果は、審判が一個一個数えながら空高く投げ上げて数を競う祝祭性を楽しみたいという点にあるが、それはもはやノスタルジーでしかないのかもしれない。

3　リアル・タイムの構造とテレテクノロジー

ここでヴァーチャル性という論点に焦点を合わせたいが、現代においてさかんに口にされているとは言え、それははたして、最近のものだろうかと問いなおさなければならない。

現代においては当然のように世界の情報化、ヴァーチャル化ということが口にされている。しかし

「情報」はもちろん、近現代に突然あらわれた人工物ではない。周知のように古来より伝達や文字として存在していた。前章でも触れたように、同じく「ヴァーチャル・リアリティー」についても、何を「現実(リアリティー)」とするかにもよるが、エジプトの夢占いやギリシアの託宣などを思い浮かべれば、夢や神話的・宗教的空間はもとよりヴァーチャル・リアリティーにかかわる事象と言えようし、また競技や遊戯や演劇は、その競技・上演装置、開演時空も含めて一種のヴァーチャル・リアリティーを構成していたと言えるだろう。人間はなんらかの先取りや遅れ、あるいは猶予や媒介、遅滞、ペンディングのないような即物的な生活のみを送ってきたわけではなく、またそれをのみリアリティーとしてきたわけではないのである。

以上を確認したうえで、それにしても今日において言われるヴァーチャル空間は、しばしばそれを現出させる電信工学技術とともに語られるが、その現出にかかわる光学的、即時的時間性である「リアル・タイム」について、『テレビのエコーグラフィー』で語られるジャック・デリダのことばを聞いてみよう。

絶対的なリアル・タイムは決してないということです。リアル・タイム(temps réel)と呼ばれているものは、日常言語においては、どのような意味で遅延(延期)された時間(temps différé)に対立させて用いられているかは容易に了解されますが、それは実際には決して純粋なものではありません。リアル・タイムと呼ばれているものは、たんに極端に簡略化（＝還元）された「差延」（différance）であって、そもそも純粋なリアル・タイムなどないのです。なぜなら、時間化そのものが、過去把持または未来予持のはたらきから、したがってなんらかの痕跡のはたらきから構造化されるからです。すなわち、絶対的にリアルな、生きている現在の可能性の条件は、すでに記憶であり、未来の先取りであって、つまりなんらかの痕跡のはたらきなのです。リアル・タイムの効果は、それ自体、「差延」の特別な一効果なのです[14]。

リアル・タイムの映像にしても、もとよりそれ自身でおのずから生じるようなものではなく、まさにテクノロジーの媒介によって電送される。そこには介在するもの、つまり遅延、なんらかのずれの仕組みがあることをデリダは強調する。そのような考えの根底にあるのは、のっぺりとした時間表象ではなく、いわば後ろのものにひっかかり前のものをひっかけようとする鉤のように、時間の仕組みがなんらかのかたちで構造化されているからこそ、出来事が生じうるという考えであり、それをデリダは差延とも言い、そのような仕組みにおいて、時間的な差延だけではなく、それがさらに（遠隔《テレ》）テクノロジーという媒介と結びついて、リアル・タイムの効果を生み出している。逆に言えば、人為的なテクノロジーによって同時的効果が生み出されるが、そのテクノロジーによる効果を可能にするものはテクノロジーではないと言えようから、それは時間そのもののずれの仕組み、あるいは差延にもとづくと言うことができるわけである。

そのうえで、さらに問いたい点がある。それでは、そのようなテクノロジーやテクノロジーによる効果は近現代に固有のものなのだろうか。同じく『テレビのエコーグラフィー』においてデリダの対話者ベルナール・スティグレール（第四章で扱った『象徴の貧困』の著者）は、デリダの思考を次のように要約している。

> あなたの書くものをよく読むと、エクリチュール、およびエクリチュールのどんな形態も、すでになんらかの遠隔《テレ》テクノロジーであることがわかります。一通の手紙を送ることができるということは自己から離れた遠いところに送り届けることであり、すでにいっさいの近接性、いっさいの直接性の範囲を打ち破っています。そしてあなたは明快に示していますが、実際には直接的近接性などというものはなく、どんなときでもすでになんらかのエクリチュールとしての、したがってひとつの遠隔《テレ》テクノロジーとしてのなにかがあり続けているわけです。[15]

われわれはなにかを書くとき、自己同一的な、無媒介的な状況のなかにはいない。反省や思考、書き進めることによる繰り広げ、引き返し、やり直し、否定、方向変えの渦中にある。その差異的な状況自体は書くという行為と切り離せない。したがって、書くことの目的や根拠の追求はそれとしてあるとしても、しかしその追求すら、どこでおこなわれるかを考えるとき、すでになにかの分断、亀裂のなかに身をおきつつ書くこと（エクリチュール）がいとなまれていると考えるのが適切だろう。また書かれたものは、おのずから時間的差異の痕跡となる。つまりわれわれにとって文字、書かれたものは確かに即物的、直接的ではなく、すでになんらかの遠隔性、遅延、さらに仮想性と不可分であり、差異化の方向性をはらんでいる。今日のテレテクノロジーも、そのようなエクリチュールの様態があったからこそ、可能なのであり、いかに様相を一変し拡大しているかに見えようとも、またテクノロジーは単なる手段ではなく、思考と不可分であることを確認するためにも、その点を見落としてはならないだろう。現実は、その延長上にあって展開されると言ってよいが、元来、遅延、媒介や差異化をともなっているのである。

要は、過去にしろ現代にしろ、そのような差異的現実を構成する諸要素、諸平面の関係性、分節の問題となるのではないか。このような面を見据えるまえに、今日のテレテクノロジーのありようは、私たちの生活のなかで具体的にいかなるかたちをとっているかも検討しておきたい。

言うまでもないが、私たちが居室内でテレビを見ているとして、外部にたいする内部である居室のまんなかにテレビという〝開口部〟があるということになる。その室内にいて窓という開口部から外の景色を眺めるならば、それは直接に知覚されるかぎりでの外部風景であるが、テレビという〝窓〟を覗く場合はもちろん様相が異なる。まさに居ながらにしてはるかなる外、遠隔の出来事を、内部画面を通して同時的に見ているわけである。これを空間的に見れば、外と内の仕切りが無効になって、内のなかにどこかしらか外が涌いて出ることでもある。前章でも考察したように、ヴィリリオはこのような、遠隔映像も含むヴァーチャル世界が中心化し、手袋を裏返すように内部と外部が逆転するさまをしばしば論じている。[16]

デリダは、むしろ私たちがそのとき、くつろぎのために「自分の居場所」にいながら、にもかかわらずそこに「他所」を導き入れている点に注目する。つまり、外部のわずらわしさからのがれ、よりプライベートになればなるほど、そのいちばん親密な自分の居場所に、自分から望むかたちで、他者の、遠くのものの侵入を受け入れるわけである。

> 自分の居場所（*Le chez soi*）、それはいつも他者、客人＝主人（l'hôte）のはたらきを受けていたのであり、接収〔＝乗っ取り〕（expropriation）の脅威にさらされていたのです。それは、まさにこのような脅威によってのみ構成されてきたのです。[17]

デリダは、このように、自分の居場所を占める、わがものにするという「占有」（appropriation）は、かえって他者の侵入、他者による「接収〔＝乗っ取り〕」（expropriation）なしには成立しない点に注目する。主人が客人のもてなしに気を取られて、客人が主人の主人になる様相も呈する。そのようなねじれのありかたによってのみ、「居場所」とされるところ＝くつろぎは、かろうじて享受されつつ剥奪され、剥奪されつつ享受されているのが実際のありようなのだ（ex-appropriation）。そのとき、当然「今、ここで」は、不確かなもの、保証のないものになる。錨を下ろすこと、根づくこと、「居場所」をもつことは根本的に揺らいでいる。しかし、デリダ的思考からすれば予想がつくように、「それは今に始まったことではない」。そのようなねじれの、差異的連関のなかに、かつても今もこれからもわれわれはいるのである。今日、内部の〃窓〃であるヴァーチャル世界がテクノロジーによるグローバル化とあいまって増幅されるとき、しばしば喧伝されるように、それによって国民国家の枠が薄れてゆくとき、いわば後退的、逆進的に「居場所」への思いが加速され、それが民族主義や宗教的原理主義の興隆につながる局面も確かに目にする。この国でも近年、同様な風潮が明らかに増しているように見える。しかしデリダはまさにそのような状況も見据えつつ、上記の意味での、他者にたいするもてなしの意味で「歓待」(hospitalité) を提言する。

この権利（＝市民権）は、ひとつの国家の市民の権利のみであってはならず、「外国人」の権利でもなければならないと私は思います。新しい倫理、新しい法、「歓待」についての真に新しい概念が問題となるでしょう。遠隔《テレ》テクノロジー、電脳空間、「ヴァーチャル」なものの新しいトポロジーの加速された発展がもたらしているものは、国家と市民の（したがって「政治的なもの」

の）、領土の現実性との関連における伝統的で支配的な諸概念の実践的な脱構築なのです。[18]〔強調は原著者〕

ここにデリダのオプティミズムを見てはならないだろう。内と外の区別の逆転、融解、拡散のなかにあって、またテクノロジーを過大にも過小にも評価することなく、その様態と人間の活動の可能性を、容易ならざる意味をもつであろう「歓待」を通して開こうとしていると思われる。当然、未来の人間存在とのなにか対話のようなものも想定されていることだろう。倫理的な態度というだけではなく、人間存在の本質的なありかたが、排除や閉じ込めでしのげるものではなく、本来的にこのような超過に見舞われているということではないだろうか。デリダはここでは、「ヴァーチャル」なものの「新しいトポロジーの加速された発展」がもたらしている空間的、領土的なものの「脱構築」の方向性をおもに示しているが、それは当然、時間概念の、ないしは時空概念の「脱構築」とも不可分であろう。

4　時間‐多様性へ

本章では、速度という環境、時間という次元が、今日いっそう支配的になっている現実について論じた。映像効果の拡大と増幅のためにメディアの時間を占拠しようとするさまざまな動向や、時間を支配しようとする資本の欲望が時間を追い越そうとするまでにいたるさまを見た。そこには先取りの脱線すら生じ、また時間のつかみからプロセスが抜け落ちるのを見た。しかし、そもそも宇宙で体験される時間のように、時間はその分節が未知な様相も呈する。「昼／夜の交代に、今後は、地球空間と、それのない地球外という交代」が待ち受けている。今まで歴史を構造づけていた昼と夜の交代のリズムと無関係な「一日」が始まっている。

前節で論じたように、時間そのものが差異化の仕組みをはらんでいるのであるから、現実世界の別様な見方、とらえ方の糸口もなんらかの意味で時間の問い直しにかかっていることになる。われわれは、時間を交代のリズムもなく分節の多様性のない静寂や、偶発的なアクシデントのみに委ねることができるだろうか。第一章で紹介したように、ヴィリリオは「この地球上では、汚染された《自然》（NATURE）の温暖化による温室効果が、《実物大》（GRANDEUR NATURE）のもろもろの尺度の、感知されない圧搾効果によって倍加して」おり、「生物多様性のみならず、かつては巨大であった大地の広さの地理多様性をもまったく同じ程度に消尽する現実の加速」の横溢する事態を指摘していた。そしてヴィリリオは『恐怖の管理』（二〇一〇年）では、「生物多様性」の重要性に言及しつつ、さらに「時間－多様性」（chrono-diversité）の考え方を提示しているのである。[19] 具体的な例としては、暦法、典礼、祭礼などが挙げられている。[20]

そこで、差異的現実の構成を考察する切断面、取っかかりの例として、まさに古来から時間の分節、時間のフレームにかかわる暦法の差異を思い起こしてみたい。体系化されていると思われているグレゴリオ暦には、閏年の微細な調整が今後も必要なことは別としても、復活祭など月の満ち欠けに左右される移動祝祭日があることで知られるように、その太陽暦のなかにゆらぎや太陰暦的な異質な要素、差異的な面が含まれている。同様に、今日のテクノ‐サイエンスのよって立つデジタル時間も必ずしもニュートラルなものでなく、ある方向性を帯びているかもしれず、またなにかの抜け落ちがあるかもしれないのである。

おもしろいことに、現実のメディア的なリアル・タイムのトピックもしばしば、それぞれの暦法にしたがう宗教的、イデオロギー的カレンダー祭事にかかわるものであることが多い。まさに「時‐政学」(chrono-politique) 的な領野である。時間の極限化の先に、ニュートラルな平面に諸事が淡々と展覧されるどころか、時間の異なる分節のしかたそのものによる特有の諸行事(過越の祭り、復活祭、ラマダン月の斎戒、春節など)が即時的に突出して固有の色彩の祭典、行事として映像化されるのである。時間の分節のなかの特異点としての時間。もちろん伝統的な暦法をただ謳うのではない。歴史的、政治社会的背景を把握したうえで、その差異にこそ、その差異の思考にこそ注目するのである。

したがって、例えばさまざまな暦法があるように、差異の様相のもつ、時間の平面と諸要素の錯綜したありようを問い直す試みが、差異的現実を構成しうる諸要素、諸平面の分節の問題を考察する際の切り口となりうると、少なくともひとつのヒントになりうると考えることができるのではないだろうか。

注

（1）*Voyage d'hiver*（対談『冬の旅』）, entretien avec Marianne Brausch, Parenthèses, 1997, p. 11.

（2）ibid., p. 9.

（3）*La Vitesse de libération*（『脱出《リベラシオン》の速度』）, Galilée, 1995, p. 12.

（4）ibid., p. 13

（5）ibid., p. 13.

（6）ibid., p. 15.

（7）ibid., p. 156.

（8）ibid., p. 170.

（9）ibid., p. 160.

（10）*Un paysage d'événements*（『出来事の風景』）, Galilée, 1996, p. 49.

（11）Jacques Derrida/Jürgen Habermas, *Le « Concept » du 11 septembre*（ジャック・デリダ／ユルゲン・ハーバーマス『九月一一日の「概念」』）, Galilée, 2004, p. 163.

（12）以前は六百世帯であったが、現在、関東地区でその数は九百世帯とされている（『毎日新聞』ニュース情報サイト　二〇一七年一月六日（閲覧））。

（13）*La Bombe informatique*, Galilée, 1998, p. 23.『情報化爆弾』（丸岡高広訳、産業図書、一九九九年）、一七頁。

（14）Jacques Derrida/Bernard Stiegler, *Échographies de la télévision*（ジャック・デリダ／ベルナール・スティグレール『テレビのエコーグラフィー（エコー断層撮影）』）, Galilée, 1996, pp. 144-145.『テレビのエ

コーグラフィー　デリダ〈哲学〉を語る』（原宏之訳、NTT出版、二〇〇五年）、二〇五頁。

（15） ibid., p. 45. 同書、六三頁。

（16） *La Bombe informatique*, p. 19.『情報化爆弾』、一三三頁など。

（17） Jacques Derrida/Bernard Stiegler, *Échographies de la télévision*, p. 91.『テレビのエコーグラフィー』、一三〇頁。

（18） ibid., p. 45. 同書、六二頁。

（19） *Administration de la peur*（『恐怖の管理』）, Textuel, 2010, p. 89.

（20） ibid., p. 27.

第六章　事故《アクシダン》の博物館、偶有性《アクシダン》としての時間

1　事故《アクシダン》の博物館

ポール・ヴィリリオは、二〇〇二年一一月から翌年三月にかけて、パリのカルティエ財団現代美術館において、「偶発すること（Ce qui arrive）」というテーマで総括される展示会を主宰している。この“ce qui arrive”はラテン語の“accidens”に由来すると説明し、「偶発すること」と、フランス語の“accident”の密接な関係が示される。

したがって、この展示会は、もろもろの事象の事故（accident）、災厄（désastre）、破局（catastrophe）をテーマにして発表された芸術家、造形作家、写真家等の作品の展示会であり、偶発事《アクシダン》＝事故の博物館と言ってもよい。(1) そのときのカタログ＝作品集『偶発すること』（*Ce qui arrive*）の「緒言」には、この展示会の趣旨が以下のように説明されている。

思いがけない破局的な出来事の突発を前にして、私たちはこのように無力の確認を余儀なくされる以上、私たちを偶発事＝事故に晒す（*qui nous expose à l'accident*）この習慣的な傾向をひっくり返す試みをせざるをえなくなる。新しい種類の博物館学、博物館陳列図誌を創始するためである。すなわち、今や、偶発事＝事故を、晒す＝展示する（*exposer l'accident*）ことを旨とする博物館学、あらゆる事故を、もっとも通俗的なものからもっとも悲劇的なものまで、もろもろの自然の惨事から各種の工業・科学的な災害まで、そして、しばしば無視される種類のもの、幸運な偶発時、まぐれあたり、雷に撃たれたような愛の衝撃、さらには「恩寵《グラース》＝とどめの一撃」（coup de grâce）までも、避けることなく展示することなのである。(2)〔強調は原著者〕

このように、しばしば私たちが見舞われる事故、「私たちを偶発事《アクシダン》＝事故に晒す」受動的局面を逆転して、私たちの面前に積極的に「事故を晒す《エクスポゼ》＝展示する」試みを組織的におこないたい旨を語っている。ヴィリリオの意図をよりわかりやすく知るために、当時の『ルモンド』紙（二〇〇二年一二月九日）に掲載されたインタビュー記事を参照してみよう。

「なぜこの美術展がまさに必要だったのでしょうか。」

進歩とは、いわば受けいれられた供犠と表裏一体です。この供犠がどこまで行き及ぶことになるのかを知るためには、事故《アクシダン》〔＝偶発事〕の博物館、観測所がなければなりません。それはまた、「一面記事に載る流血の惨事」を未然に防ぎ、破局的な出来事の遺産を冷静に分析するためのもっともよい方法です。アウシュヴィッツとヒロシマはユネスコの世界遺産に登録されています。ある破局的な出来事を遺産登録することによって、それをいわば予防的な考古学にすることができます。この展示会は、哲学的、科学的、芸術的な次元を帯びもする、ひとつの博物館の予示なのです。

「どのようにして事故を提示するのですか。」

カタストロフィー（破局的な出来事）が、いわばそれとしての出来具合に達していることを提示しなければなりません。「実体は絶対的であり必然である。偶有性《アクシダン》〔＝事故〕は相対的であり、偶発的である」とアリストテレスは言っていました。事故《アクシダン》はひとつの発明であり、新たに創られる成果《エクスプロワ》＝所業とも言えます。自動車メーカーが自動車の信頼性を検査するためにさまざまなクラッシュ・テスト（衝突試験）をするように、この展示会は、〔直視した者を石化するギリシア神話の女神〕メドゥーサを正面から見つめるための文化的なクラッシュ・テストなのです。事故に身を晒さないために、事故を晒す＝展示《エクスポゼ》するのです。これは、デモクラシーに提起された問題なのです。

「事故を晒すことによって、〔恐いもの見たさの〕覗き趣味を誘発することにはなりはしませんか。」

目的は、恐がらせることではなく、直視すること、〔モーリス・〕ブランショのことばを借りれば、災厄の書き記し《エクリチュール》（l'écriture du désastre）を提示することです。私たちは、破局については無知蒙昧です。したがって、理解しようとするためには、読み易さがなければなりません。とはいえ、私たちは、露出趣味やむごたらしさの方面に向かうことは拒んでいます。つまり、展示のなかには、あからさまに恐怖を引き起こすシーンはほとんどありませんし、死体そのままもありません……。それに説教じみていたり告発的であったりするような言説もありません。これは、前衛（avant-garde）の作品展覧会ではなく、心構え（mise en garde）のための展覧会なのです。つまり、エアバスは八百席の旅客機を発明することによって、潜在的には八百人の死者をつくり出しているということです……。

「あなたは、展覧会という芸術的な環境の中にいることになります。そのことで、事故の美しさを提示するという危険はありませんか。」

「ああ、神よ、戦争はなんと美しいのでしょう!」とアポリネールは書いていました。彼は第一次世界大戦の犠牲者でしたが。そこから私が引き出すのは、犠牲者は自分の最後を美しいと思う権利があるということです。死刑執行人にはそのように思う権利はありません。もし恐怖を美化することがあるとしたら、それは人がその恐怖を生きたときに可能であって、単なる傍観者であるときはそのような美化は認めることはできません。九月一一日については、その廃墟を英雄化する作品は取り入れていません。けれども芸術家の責務を示している作品群は取り上げました。現代社会は危険というものを否定したので、芸術家はニーチェが告げていたことに意識的であらねばなりません。すなわち、悲劇こそは、それがアテネのデモクラシーの起源にあるように、歴史の一部をなしていることに意識的であらねばなりません。この展示会は、悲劇的なものの回帰の予告編です。だれが一体、芸術家以上に、進歩の悲劇的な次元を感じさせることができるでしょうか。(3)

質問者にあるのは、事故の事故性の注視からはずれて、覗き見趣味に迎合することになりはしないか、鑑賞者が怖いもの見たさや興味本位に走るのではないかという懸念である。またそれとは反対の方向で、芸術作品としての価値、美的価値のほうに鑑賞者の目が向くように主催者が誘導して、同じく事故の事故性が隠蔽されることへの懸念もあろう。

それにたいしては、ヴィリリオは、まず、単なる傍観者は恐怖を美化するような権利はないと言う。当事者以外による美的対象表現と倫理の問題にかかわることだろう。(4) また質問にたいする回答にあったように、展示物にはあからさまな恐怖の喚起や死体等の露出は一切ないと言う。死者の尊厳に関わる問題に配慮がなされている。そして、九月一一日の廃墟の「英雄化」、言い換えればこのような場合に陥りやすい政治化も避けると言う。

これらは、一定の見識を示すものと言えよう。また前衛（avant-garde）ではなく、心構え（mise en garde）であると断る点も、消極的というよりも、ヴィリリオの、別な方向性を求めるひとつの態度の表明と考えられる。「進歩」については、拒否するのではなく無批判的推進は拒むという態度である。ただし、以上の作品展示の問題について、ここでその背景、素地を見つめ直しておきたい。そこを掘り起こしてこの問題を顧みる必要があると考えられるからである。

展示場という、ひとつの制度において、なんらかのかたちで現実の事故をテーマとする作品群を配置すること。そこには、事故の事故性の隠蔽、稀薄化、いわば殺菌消毒された過去の事象を現在という安全な場から視線の対象として提示するといった脱色も生じることは避けられないだろう。

しかし、現実の事故《アクシダン》があったとして、もとよりその厳密な意味での再現はありえない。どのような表現、呈示も、そもそも、変形され、ずらされた、移され、遅延され、距離化されたものではないだろうか。そのことをまずは忘れずに押さえておく必要がある。そのうえで、経験そのものは視覚的印象だけではなく、爆風、粉塵、轟音、臭気、汚染など五感のすべてがかかわることも忘れてはならない。視覚優位のまま、そのことを都合主義的に遮断、抑圧、忘却してはならないだろう。

またそれと同時に、対象はそもそも利害関心を離れた（デザンテレッセされる）美感的対象としてもとらえうるものでもあることを排除すべきではないだろう。カントの美感的判断力批判にあるように、対象にたいして、権利上、一言でいえば現世的、功利的な関心を脱した態度で接する場合もありうるということだ。前後の文脈的な意味を遮断して括弧に入れた脱関心的な次元も、対象（美的対象となることを排除しない）の判断には本質的に欠かせないものである。総じて、心動かすもの（美的なものも含む）とは、即物的な意味を離れたなにほどかの慄きなしには立ち現われないのではないだろうか。(5)

しかも最初に述べたように、どのような表現も、事故の感覚的印象とされるものを稀薄化することになる。それらは、人々の通常の記憶がそうであるように、ほとんど避けようもなく稀薄化する。そこから象徴化の問題も出てくると考えられる。〝慄き〟をいかなる形でいかに提示するか。

すでに世界各地には戦争博物館はたくさんある。武具・武器の博物館、コレクションはそれ以上にたくさんあるだろう。そのなかで、この事故《アクシダン》の博物館で、どのように提示するか。展示場という全身を包みこむ知覚の制度の場において、人間の歴史、文化的背景などさまざまな相や次元が感情や記憶を喚起しつつ想像力を刺激して複層的に往還するなかで、作品表現のみならず場そのものが、批評の対象として真価が問われるかたちの提示と言いうる。

2　時間の偶有性《アクシダン》

さて、「偶発すること」（ce qui arrive）は、ヴィリリオの言うように、ラテン語の"accidens"であり、フランス語の"accident"につながる。今日ではもっぱら「事故」の意味でつかわれることの多い"accident"について、その根底的な意味に留意しつつ、そのキーワードで文明事象全体を考察する意図が推察されるヴィリリオの考えをしばらく追ってみよう。

〝偶有性〟とも訳される"accident"について、ここでおさらいをしておきたい。『電脳世界』の本文で、ヴィリリオは、「エピクロスにとっては、時間は、偶有性《アクシダン》〔＝偶発性〕の偶有性《アクシダン》〔＝偶発性〕です[6]」と言っている。これはどのような意味をなすのであろうか。

2・1　偶有性、付帯性

その点を検討するために、まず通常「偶有性」と訳されることの多い"accident"の意味から確かめよう。平凡社哲学事典によれば、「偶有性」（〔希〕symbebēkos〔羅〕accidens〔英・仏〕accident）は以下のように説明されている。

この語〔＝偶有性〕を哲学史上はじめて用語化したのはアリストテレスである。かれによれば、存在はきわめて多義的であり、いろいろな仕方で語られるが、偶有性とは存在者の一つのあり方をしめす語として、つねにそれ自身においてあるあり方と対立的にもちいられる。たとえば正しい人が音楽を解するとか、人が色白い、とかいう場合のようなあり方をいう。すなわち音楽を解するとか、色が白いということは、正しい人にとっても、人自体にとってもけっして本質的なものではなく、たまたまそのとき、その人におこっている性質にすぎない。このようにある主語に、たまたまという仕方でおこり、付随している性質のあり方をいうのである。(7)

このように、「つねにそれ自身においてあるあり方」をしているものにたいして、「偶有性」は、たまたまという仕方で付随的に現われる性質であることを確認しよう。ちなみに前者のほうは、通常「実体」(substance《シュブスタンス》)と呼ばれている。

また、ラテン語の“accidens”は、「付帯性」とも訳される。ちなみにアリストテレス『自然学』の訳注には、以下のように記されている。

「付帯するもの」「付帯性」「属性」または「偶然性」と訳される原語は τὸ συμβεβηκός〔symbebēkos〕、ラテン訳では accidens, accidentia. また「付帯的に」「付帯性において」と訳されるのは κατὰ συμβεβηκός. ラテン訳では per accidens または secundum accidens.「自体的に」または「それ自体において」に対して用いられる。(8)

また、『自然学』本文には、時間について以下のように記述されている。

〔……〕時間は、それ自体では、生成の原因というよりもむしろより多く消滅の原因というべきであろう（そのわけは、転化が、それ自体、ものを脱離させることだからである）、そして、時間が生成の原因でありまた存在することの原因であるのは、〔それ自体でというよりも〕付帯的にであろう。そしてその十分な証拠は、なにものも、そのもの自らがなんらか運動しまたは行為することなしには生成しはしないが、しかし消滅することは、なにも運動していなくてもありうる、ということころにある。そして、われわれの言い慣わしているところの時間によっての消滅というのは最も主としてこの意味での消滅である。ただし、時間は、実は、この意味での消滅を作り出すわけではなく、この意味の転化〔消滅〕が、ただ付帯的に、時間のうちで生じるというだけのことである。(9)

このように、ギリシア哲学においては時間の性格として、偶有性、付帯性が確認される。ただし、そのうえで「エピクロスにとっては、時間は、偶有性《アクシダン》の偶有性《アクシダン》です」とヴィリリオが畳み込むかたちで言っている。この点に戻ろう。

エピクロスのこの言については、第五章でも引用した『脱出《リベラシオン》〔＝解放〕の速度』において、ヴィリリオは以下のように説明している。

> 古代の哲学者たちが打ちだし、現代の物理学者によっても支持されているが、人は経験から、時間は運動している物質の形式であることを知っている。しかし人が忘れているように思えるのは、時間がなにか「独立な非物体的なもの」(un « incorporel indépendant ») ではないということから、偶有性《アクシダン》の新たな相貌《フィギュール》が必然的に浮かび上がってくることである。すなわち、「それ自体が偶有性であるような、ある状態がさらに帯びる、特殊な偶有性《アクシダン》」という相貌である。
> 別な言い方をすれば、相変わらずエピクロスにもとづくが、時間は、偶有性《アクシダン》の偶有性《アクシダン》である。というのも、私たちが時間を昼や夜や、その構成部分〔＝時刻〕に結びつけるのは、時間を感情の高まりやその沈静、また運動やその静止に結びつけるのと同様であり、それら〔昼、夜、時刻、感情−沈静、運動−静止〕に付随する偶有性が《時間》と名づけられるのを考慮しているからである。[10]〔強調

ヴィリリオの語る、時間と、昼、夜、時刻、感情－沈静、運動－静止の関係、およびそれらの背後にあるギリシア的思考の構図を明らかにするために、いささか迂回することになるが、現在に残っているエピクロスの所説をできるだけ詳らかにたどってみよう。

ポイントは、時間がなにか「独立な非物体的なもの」（un « incorporel indépendant »）ではない、という点に置かれると予想される。時間は、なにか独立自存の目に見えない堅固な形式などではなく、付帯的、偶有的な相貌をもつという点である。

2・2　偶有性の偶有性――エピクロスの所説とその解釈

エピクロスに関しては、*Epicure, Lettres, maximes et autres textes*（『エピクロス、書簡、格言および他のテクスト』、Flammarion, 2011）を紐解くと、そのなかで、西暦二世紀頃のギリシアの哲学者セクストス・エンペイリコスが、紀元前二世紀後半のエピクロス派の学者デメトリオス・ラコンの説明を引用しつつ、エピクロスの時間と偶有性についての考えを主題化している。ちなみに、次のような時系列をなす。

エピクロス（紀元前三・四世紀）⇓デメトリオス・ラコン（紀元前二世紀）⇓セクストス・エ

ンペイリコス（紀元後二世紀）

つまり、エピクロスの学説を説明したエピクロス派の学者デメトリオス・ラコンの文献を、セクストス・エンペイリコスが自著で引用して取りあげたかたちである。上記の書はフランス語訳の版であるが、それを以下、日本語訳しつつ考えてゆきたい。

時間とは「偶有性」であり、それはまた「偶有性の偶有性である」というエピクロスの考えが以下のように提示される。

> エピクロスに関してデメトリオス・ラコンが与えた解釈によれば、エピクロスは、時間はもろもろの偶有性の偶有性であり（le temps est un accident des accidents）、昼にも夜にも、時刻（heure）にも、もろもろの感情の現存にも不在にも、さまざまな運動にも静止にも付随するものである、と語っている。〔昼夜など〕これらすべては、偶有性であって、たまたまそれなりの主題となる事象に相即していることになる。そして時間は〔昼夜など〕それらすべてに付随するので、時間を偶有性の偶有性と呼ぶのは妥当であろう。[11]

昼・夜、時刻（時刻《ウール》は、時間《タン》とは異なる）、もろもろの感情、運動・静止などは、それ自体が「偶有性」である。時間はそれらに付随するものであるから、さらにそれらの「偶有性」となり、二乗化される。この構築のされ方は、以下のように順序立てて説明できる。

①実体（それ自体で存在するもの）と属性（実体に依拠するもの）

存在するものは、以下のように二分される。

なるほど普遍的原理とされるのは、存在する事物のなかで、ある種の事物はそれ自体で存在する一方、他の種類のものは、それ自体で存在するものに準拠するかたちで概念される、ということである。つまり、それ自体で存在するものは、実体（すなわち、物体と虚空 vide）であり、他方では、それ自体で存在するものに準拠して概念されるものは、「属性」と呼ばれるものである。[12]

このように、存在するものを、それ自体で存在する「実体」と、その「実体」に依拠している存在の「属性」とに分ける。目下のわれわれの考察の方向は、この「属性」のほうである。

②二種類の属性――「実体」から切り離せない属性と、切り離せる属性

「属性」そのものは、さらに二種類に分けられる。

これらの属性のなかで、ある種のものは、それらが属性となっている当の事物と切り離せないが、他のものでは、当の事物から切り離せる性質のものがある。それらが属性となっている当のものと切り離せないものとしては、例えば、物体の抵抗と虚空の抵抗欠如が挙げられる。なぜなら、物体を抵抗なしで概念することはできないし、虚空を抵抗欠如なしで概念することもできないからである。そこに、双方の恒久的な属性がある。一方には抵抗することが付随し、他方には抵抗しないことが付随する、ということである。

それらが属性となっている当のものと切り離せるものとしては、例えば、運動と静止が挙げられる。なぜなら、合成された物体は、絶え間なく運動するわけでもなければ、邪魔されない静止を維持し続けるわけでもないからである。あるときは、それらは運動の属性をもち、あるときは静止の属性をもつ[13]。

このように「属性」には二種類あり、それが「属性」となっている当の「実体」と切り離されないものと、切り離せるものである。例えば物体（「実体」）の抵抗（「属性」）そのものは、物体（「実体」）から切り離せないので、前者である。われわれの関心は、後者の、その当のものと切り離せる「属性」であり、例えば、物体の運動や静止である。「運動」は物体の「属性」であるが、物体はいつもその「属性」を現実化して運動ばかりしているわけではなく、静止もするからである。つまり、「属性」がその「実体」に完全密着しているのではなく、切り離せるということである。その部類に入る「属性」には、運動や静止のほかに、夜や昼や時刻、快や不快などの諸感情がある。

③昼と夜は、大気（「実体」）の（「実体」から切り離せる）属性＝偶有性

実体から切り離せる「属性」として、昼・夜、時刻、もろもろの感情、運動・静止などが挙げられるが、それらは「偶有性」である。例えば、昼と夜は大気の「偶有性」である。

時間が随伴するこれらの事象（choses）は、したがって偶有性である。――私が言おうとしているのは、夜であり昼であり、時刻であり、諸感情の現存であり不在であり、運動であり静止のことである。なるほど昼と夜は、あたり一帯の大気の偶有性である。昼は、太陽から大気にやって来る陽光によって大気の属性となり、夜は、大気に太陽から届く陽光の停止により、大気に不意に到来する属性である。時刻は、昼あるいは夜の一部分であるが、昼や夜と同様に、それはそれで大気の偶有性である。そして、おのおのの昼、おのおのの夜、おのおのの時刻について、時間は共通にあてはまる外延をもっている（coextentif）[14]。

ここに取りあげられている、昼と夜は、大気（air）の偶有性である、という考え方を例にとろう。

古代ギリシアでは、空気は四元素（四大とも言われる）のひとつであるから、地上の空気である大気は、エピクロスの自然学で言っても、原子《アトム》から合成された代表的な実体と言える。ところで、地上を包む大気は明るくなったり、暗くなったりする。これは、先の哲学事典の例に沿って語れば、人にあって白い肌、黒い髪が偶有的であるように、明るい大気（昼）、暗い大気（夜）は、偶有的となろう。すなわち、昼と夜は、実体としての大気に内在するのではない。古代の人々も気づいていたように、太陽の光と熱との関係、つまり他の元素である火との関係で語られる様相であろう。

また、「時刻」(heure) は、近現代の時計の文字盤の時刻というよりも、古代・中世にあっては江戸時代の「何々の刻」と同様に、一瞬に経過するのではなく時間的な幅があるものとしてとらえられていたと考えられる。したがって「時刻」にも、昼や夜と同様に、また今日でも「時分《じぶん》」ということばもあるように、「時間」の外延があると解釈できる。

④ 時間は「偶有性」である昼や夜の、そのまた「偶有性」

このように、昼と夜は「大気」の属性、偶有性であり、時刻《ウール》は昼と夜の一部をなすので、それも同じく「大気」の属性、偶有性である。そして時間《タン》は、それらすべてにかかわってくる。

昼あるいは夜について、私たちがその属性である時間を過ごしているとき、それら〔昼や夜〕が長いとか短いとか言うのである。もろもろの感情の現存や不在に関しては、それらは苦痛あるいは快楽のことであるが、まさにそれゆえ、それらは実体ではなく、快か不快を感じている人たちの偶有性なのである。そして、それらは非時間的ではない偶有性である。さらには、運動そして静止はそれら自体、われわれがすでに論証したように、物体の偶有性であり、時間からは切り離せない。なぜなら、運動の速さと遅さ、そして静止の、短かったり長かったりする程度は、まさに時間によってわれわれはそれを計るのである。[15]

大気の「属性」である昼と夜が「偶有性」でもある点を考えてみよう。季節によって昼と夜の長さが異なるように、一日のうちこれだけ昼であること、これだけ夜であることは偶有的、偶然的である。また、古代ギリシア・ローマでは、一般に不定時法が採用されていたと言われているので、昼や夜を一二分割するとしたら、そのあいだの時間は、昼と夜で、また季節によって異なってくる。したがって、時間は、偶有的な昼夜の、そのまた、たまたまの経過分と言えるだろう。

こうして、昼と夜は、そして昼夜の一部である時刻《ウール》も、大気（実体）にとっての付帯的な「偶有性」であり、そして私たちの世界においては、時間《タン》は、そのような大気にたいして「偶有性」である昼や夜や時刻の、そのまた「偶有性」とされるわけである。

この点に関して、フランス語の temps には、〃時間〃だけではなく、〃天気〃〃天候〃の意味もあることを付言しておくのもおもしろいかもしれない。例えば“Il fait beau temps.”と言えば、〃天気がよい〃という意味である。なるほど、天気は気まぐれで、昼なら昼のとる偶有性と言える。この場合、天候《タン》は、大気の偶有性である昼の、そのまた偶有性と言ってよいことになろう。時間《タ》＝天候《ン》は、昼という偶有性の偶有性ということになる。はたしてヴィリリオ自身も、「時間《タ》＝天候《ン》の気象政治学」（«météopolitique du temps»[16]）を語っているのである。

　このように昼や夜という大気のたまたまの様相のなかで、経過してゆく〃時間＝天候〃の幅は、昼や夜の長さ次第で伸縮するのであるから、時間は昼や夜や時刻の偶有性ということになる。以上が、ヴィリリオの再三言及するエピクロスの所説に関するわれわれの解釈である。ヴィリリオは、以上のような思考形式をもとにして、時間がなにか「独立な非物体的なもの」（un «incorporel indépendant»）ではない、という点を踏まえ、「偶有性の偶有性である」時間について語っていると考えることができるだろう。ヴィリリオにとって、時間は本来的に人間にとって、宇宙的リズムにあって伸縮するものととらえられているのではないか。

3　時間と事故《アクシダン》

　ここで、時間は存在にとって本質的ではないか、という見解も当然あろう。また、時間は空間と同様に、人間の経験における現象のア・プリオリな形式であるという、カント的認識論の考え方もある。

この場合は経験的には、時間は実在の根幹的形式として規矩となる。また形式的であれ、三次元の空間＋一次元の時間という考え方も、その延長線上にある。

しかし、ギリシア的思考においては、時間の経過的様相は認められているが、そのような時間は、たまたまの、付帯的様相とされる。そもそも永遠不滅の実体が、最上位のギリシア哲学である。永遠不滅は、本質的な実在にとって、至極当然とされる。時間的経過などは、たまたま（偶有的）のことである。仮象であり、不完全な実在にのみ生じること、と考えられるだろう。

ここで注意しなければならないのは、〝実体〟が時間的経過にかかわらないのは、それが〝一瞬〟を意味するのではないのみならず、非活動を意味するのではない、ということである。つまり、時間が凍ったような世界が実体の世界ではない。すぐれた実体は、〝永遠〟の相のもと、時間を超えてわれわれのあずかり知らぬような十全たる活動をおこないうるし、エピクロスの自然学において活動する原子も不壊の究極的実体とされる。われわれには想像がむずかしいが、「時間」という形式に関係しない、それ自体においてある豊饒さであろうか。

ともあれ「偶有性」の概念を導入したアリストテレスも、先に引用したように「時間は、実は、この意味での消滅を作り出すわけではなく、この意味の転化〔消滅〕が、ただ付帯的に、時間のうちで生じるというだけのことである」と言っている。「時間」の付帯的、偶有的役割が確認される。ヴィリリオの思考では、基本的にはこのようなギリシア哲学的な実体／属性・偶有性の図式に基づきつつ、時間そのものは「独立な非物体的なもの」（un « incorporel indépendant »）ではなく、「時間は、偶有性の偶有性である」（時間は、偶有的なもろもろの事象に、これまた、たまたま、纏いついている偶有性）点が強調される。たまたまの様相の、そのまた、たまたまの様相という位置づけである。

本章の最初に触れたように、ヴィリリオは、「偶発すること」（ce qui arrive）は、ラテン語の“accidens”（偶有性）に由来すると説明する。ただし、「偶発すること」（ce qui arrive）には、別な語もあてはまる。例えば、前章で引用したデリダは、同書で「偶発すること」（ce qui arrive）を、「出来事」（événement）と等置している。[17]「出来事《エヴェヌマン》」は、あらかじめ予定されているような、下絵が出来ていてそれをなぞるような到来物ではないということだろう。その点では、偶有性《アクシダン》＝事故と同じであるが、「出来事」は「事故」とはかぎらない。

この「出来事」という様相についてはヴィリリオも承知していている。ヴィリリオは、神にとっては、歴史は「諸々の出来事からなるひとつの風景（*un paysage d'événements*）[18]」であると語る。なにもかもが「共－現前」（co-présent）しているからである。神のみぞ見知りたもうその超次元的な〃世界〃において、出来事《エヴェヌマン》は、それぞれ相対的に短い持続の幅をもって〃土地の起伏〃や〃植生〃をなしている。それらのひとまとまりの連なり（上位集合）が、個々の「歴史」の風景を形成していると言えるだろう。ところが、第四章でもわれわれは考察したが、瞬間性の優位に立つ現代において、歴史や出来事の持続は縮減、縮退し、脈絡に乏しい偶発的な物語やランダムな逸話的な偶発事の夥しい突沸が、この風景にはびこることにもなる。ヴィリリオは『瞬間の未来主義』(*Le Futurisme de l'instant*, 2009)において、以下のように語っている。

> 過去、現在、未来。もう一度言うが、この瞬間性という持続不在をまえにして、歴史(histoire)のさまざまな長い持続(durée)や出来事(événement)のもろもろの短い持続については、なにか偶発的な物語(une histoire accidentelle)あるいは純粋に逸話的な歴史性のほかに、いったい何が残っているというのだろうか。[19]

時間が「加速化」され、「瞬間性」が優位に立つ。そのとき時間は偶有的な事故に満ちている。したがって記述、記載されるとすれば、「時間の偶発的事故《アクシダン》の物語《イストワール》[20]」である。歴史が(それが、なお歴史の名にあたいするかどうかは別として)記述されるとすれば、情報空間のなかで現況を偶発的に支配している事象、あるいはCERN(ジュネーヴにある欧州合同原子核研究機関で全長二七㎞の円形大型加速器をもつ)の陽子衝突実験のような意図的に生じさせる偶発的事故の到来の記述など、光の限界速度のレベルで私たちの把握もおぼつかないなんらかのシステムの作動による瞬間的事象の数々ということになるだろうか。したがって、「歴史の終わり」ではなく、「おそらく人類の近い将来の死滅というよりも、感覚的生の《時間－多様性》の消滅のしるしであろう。[21]」とヴィリリオは語る。この「時間多様性」については第五章でも取りあげたが、第八章であらためて検討することにしたい。

このような偶有性である時間が、$\ell = vt \Rightarrow t = \ell / v$ で、速度vが光速c（≒三〇万km／秒）に近づけば、地球上の距離ℓは相対的に短いので、tは限りなく0に近づく。時間がそのように性格づけられる、特徴づけられるということになる。つまり、速度vの高速化、光速化に対応するような性質を負う羽目になる。そうすると、そのように負荷された偶有性《アクシダン》としての時間は、そのかぎりで事故《アクシダン》の様相を呈する蓋然性を恒常的に帯びることになる。CERNの実験は、まさにそのような粒子の衝突事故《アクシダン》をねらっている。時間は物体の運動、ふるまいの帯びる形式として現われるからだ。だが、時間はまた、人間、環境、地球等との関係で性格づけられている。第五章でも述べたように、時間は差異化の仕組みをはらんでおり、いわば伸び縮みも輪も捻りも凹凸も鋳型もありうるだろう。それが速度の光速化のために、一律に昼夜のない時間、リアルタイムのヴァーチャル次元が全面に広がってきている。

ヴィリリオが考えるように、事故《アクシダン》は、人間世界の付帯性、偶有性《アクシダン》として、どんなときも偶発的なかたちで起こりうることである。文明は、それと表裏一体の事故《アクシダン》の到来と不可分である。しかも、馬車、列車、飛行機というように、進歩すればするほど、偶有的な事故の規模、深刻さは増大する。そして、なにか新しいものの発明は、それがどのような本質をもつ実体かわからないままなされることが少なくないが、その偶有性である事故《アクシダン》によって暴かれるというのがヴィリリオの見立てである。「実体の発明はその偶有性《アクシダン》〔＝事故《アクシダン》〕の発明である」[22] からである。チェルノブイリの事故《アクシダン》は、また私たちにとっては福島原発のメルトダウンは、原子力発電所という実体のもつ属性を明らかにする。

今日では、あらゆる情報データの膨大化と電算処理速度の増大（一秒の一〇億分の一を表わすナノ秒が単位となる）により現実が加速される状況になっている。それに引きつけて言えば、「偶有性の偶有性」としての時間は、幾重にも累乗化され、それだけ幾何級数的になる。時間はたんにアリストテレス的に消滅のみにかかわるのではなく、時間という偶有性の瞬間化と濃密化が浮上する。さらに、宇宙ビッグバンを引き起こしたと言われる指数関数的なインフレーションなどを思い浮かべれば、そのとき、〝実体〟が優位で、〝偶有性〟は付随的という図式は脅かされることに気づくだろう。それもたんに逆転されるのではなく、それらを揺るがす新たな様相のなかに展開するのが今日の現実かもしれない。譬えて言えば、実体的な風景は後退し、無際限に細分割されデジタル化された時間のリアルタイムが瞬間的に起動して全面にのし上がり、累乗化された偶発事、瞬間的事象や逸話的な些末事の絵模様の数々の入れ替わり立ち替わりの展覧ということになろうか。このような蓋然性をわれわれはどう受けとめ、どのように思考すべきであろうか。

起こること、偶有性、偶発性のなかに私たちはいる。事故《アクシダン》が時間の高濃度圧縮であるような、偶発することの起こり加減が加速度的に幾何級数的に増大している環境のなかにいることを否むことはできないだろう。あらゆるものが他のものにたいする動きのなかにある。相対的動きのなかにある。アクシデントの時代にあって、アクシデントの様相がアクシデント化している、ということだろうか。現在の私たちの文明をめぐる素地を反省するために、ヴィリリオによって、偶有性《アクシダン》＝事故をめぐる問題系が以上のように先鋭化されて提示されている。

注

（1）「事故の博物館」という構想そのものについては、ヴィリリオは、例えば「巨大事故が人を〈魅惑〉する——バロック化する現代技術と事故の〈学〉」（浅田彰クロストーク'88、『朝日ジャーナル』一九八八年一一月四日号）等で、すでに言及している。

（2）*Ce qui arrive*（『偶発すること』），Fondation Cartier pour l'art contemporain, 2002, p. 5.

（3）*Le monde*, 二〇〇二年一二月九日号。回答中の「災厄の書き記し《エクリチュール》」"l'écriture du désastre" は、ヴィリリオが他所で引用もしているように、モーリス・ブランショの同名の書（Gallimard, 1980）に由来する。なお、"désastre" の語は、"astre"（星、天体）に関係し、「悪い星めぐり」の意味ももつ。

（4）ヴァルター・ベンヤミンも、「戦争は美しい」という、未来派のマリネッティの言を引用していた（「複製技術時代の芸術」『ボードレール』岩波文庫、一九九四年、一〇八頁）。マリネッティの言を倫理的な観点からのみ責めるべきではないだろう。そのような見えかたもあることを排除するのは、単なる狭量であろう。（ベンヤミンは、「この問題提起は、弁証法的思想家が受けて立つに値する」（同一〇八頁）と言っている）。

（5）ヴァルター・ベンヤミンは、「芸術作品は、未来を反映することのおののきに、終始貫かれている限りにおいてのみ、価値をもつ」というアンドレ・ブルトンの言を引用している（ベンヤミン『ボードレール』、岩波文庫、一一九頁）。

（6）*Cybermonde, la politique du pire*, Textuel, 1996, p. 88.『電脳世界』（本間邦雄訳、産業図書、一九九八年）、一〇七頁。

（7）『哲学事典』平凡社、一九七一年、三六八頁。

（8）『アリストテレス全集』3、出隆・岩崎允胤訳、岩波書店、一九六八年、三八〇頁、訳者注（13）。

（9）同書、一八四頁。

（10）*La Vitesse de libération*（『脱出の速度』）, Galilée, 1995, pp. 148-149.

（11）Epicure, *Lettres, maximes et autres textes*, traduction et présentation par Pierre-Marie Morel, Flammarion, 2011, p. 166.

（12）ibid. p. 166.

（13）ibid. p. 166.

（14）ibid. pp. 166-167.

（15）ibid. p. 167.

（16）*Le Grand Accélérateur*（『大型加速器』）, Galilée, 2010, p. 37.

（17）Jacques Derrida/Jürgen Habermas, *Le « Concept » du 11 septembre*（ジャック・デリダ／ユルゲン・ハーバーマス『九月一一日の「概念」』）, Galilée, 2004 , p. 178.

（18）*Un paysage d'événements*（『出来事の風景』）, Galilée, 1996, p. 9.

（19）*Le Futurisme de l'instant*（『瞬間の未来主義』）, Galilée, 2009, p. 95.

（20）ibid., p. 95.

（21）ibid., p. 95.

（22）*Ce qui arrive*, p. 6.

第七章　都市、身体の行方と「恐怖」の管理

1　前段——体外消化と〝脳外消化〟

本章では、おもにヴィリリオの『恐怖の管理《アドミニストラシオン》』（二〇一〇年）を検討するが、そこに入るまえに、序章でわれわれが取りあげた体内消化・体外消化のモデルを再度思い起こして、助走路としてみたい。

生き物は、みずからの生体の成長・維持に必要な食物を体内に摂取するために、体内消化だけではなく、体外消化をおこなうことがある。クモの巣にかかった獲物にクモが毒液をかけて弱らせたのち消化液をかけて、細い口から摂取しやすくする〝体外消化〟の例をモデルとして挙げた。人類史において、ヒトが動物の骨髄を摂取するために石を手にとって骨を砕いたのは、まがうことなく体外消化であり、それがいつしか洗練された調理作業・技術にもなって現在にいたっている。序章では、だれ

でもイメージできる台所での料理の下ごしらえを例に挙げたが、台所にいたるまでにすでに食材・食品として多かれ少なかれ一連のシステムで加工・処理されているのであり、それらが商品として販売されていることに思いいたる。ヒトの食生活、端的に言えば〝体内消化〟が生体の維持のために枢要であるという観点から見れば、文明の歴史はヒトの〝体外消化〟の安定的なシステムの維持と発展の歴史と言えなくもない。(1)

当初の、獲物を得ることの偶然性、不規則性は措くとしても、食材を獲得してから火や道具を用いて体内消化可能な食料とするために、相当な時間と手間がかかっただろうと容易に想像できる。今日では、それが、何分の一、何十分の一にも軽減され、効率化され、各種、大量な商品として流通しているのだろう。消費者は、食品に応じて入念に、あるいはほどよく（人手または機械によって）加工＝〝体外消化〟された商品を購入しているわけである。その結果、消費者自身が台所で〝体外消化〟する手間はどんどん省かれている。

それでは、〝体内消化〟のほうはどうか。販売される食品は、相対的に消化されやすいかたちで（〝体外消化〟されて）提供されているとは言え、未来社会が日常的にゼリー状の食品のみをただ口にするとは考えにくいから、〝体内消化〟としての食事は、〝体外消化〟ほどには、手間や時間が軽減されるとは言えないだろう。ただし、それも食糧資源に限りがなければ、という前提があっての話である。極端に言えば、映画『ソイレント・グリーン』（一九七三年）のように食糧欠乏のディストピアにおいて、一般人は得体の知れぬ〝合成食品〟のみで生き延びるような世界になることは絵空事とも言えないだろうし、あるいは、将来、脳以外は人工器官で構成されて、〝脳死〟ならぬ〝脳〟のみの〝生〟のような事態も起こるかもしれない。

そんなことも想定しうるが、幸い日常的な生活が維持されているとして、もし食事の時間が、たんに〝体内消化〟のルーティンにおさまるのではなく、食卓を囲んで五感に訴え、はずむ会話とともに楽しく過ごすものであり、そこに食文化があると考えるならば、一定の手間と時間を要するのは当然と考えられるだろう。付言すれば、飲食の楽しみの中心は味覚であるが、〝味わう〟という語が、趣味、審美判断の領域に深くかかわる事実は示唆的である(日本語だけでなく、フランス語の動詞〝goûter〟「味わう」は、「享受する」、「楽しむ」の意味もあり、その名詞の〝goût〟は「味」、「味覚」、「趣味」、「審美眼」の意味をもつ)。

そうであれば、〝体外消化〟の効率化と省時間と同じ尺度を、〝体内消化〟にあてはめるのはふさわしくないことになろう。そのことから導かれるのは、少なくとも現代の食生活においては、食事という〝体内消化〟のいとなみに比して〝体外消化〟が飛躍的に拡大し、摂取本人の身体活動から分離して、その大部分が生産・流通・廃棄システムのサイクルに代替されている、ということである。言い換えれば、食品としての大量の商品を私たちは日々購入して消費しており、〝体外消化〟の相当な部分をアウトソーシング(外部委託)しているかたちである。

さて今度は、以上から、脳のはたらきについても類比的に考えてみよう。もちろん脳の複雑なはたらきについては現在でも不明な点も多く、もとよりわれわれは専門的に論ずる任にはないが、末梢神経系からの感覚情報を中枢神経系で受けとめて運動指令をおこなう主要器官としての脳（ベルクソンは「中央電話交換局」に譬えた）、とくに大脳（の一部）が思考や判断に関係することは確かなので、その点に限って考えてみたい。食べることや消化活動に関して用いられることばの言い回しが、古来しばしば思考や理解などの精神活動のアナロジーになっている（呑み込みがはやい、遅い、腑に落ちる、歯が立たない、良くこなれた文、通りの良くない文、良く噛み砕いて、噛んで含めるように、〞消化不良〞とすら言うことも）のは偶然ではないと考えられることからも、この類比は無意味ではないと思われる。

そこで〞体内消化〞から類比的に連想すれば、脳の活動は、人体の内外のいろいろな刺激にたいする一種の〞脳内消化〞と見ることができるのではないか。ただし、脳のはたらきは中枢的であるとして、人体の外界に接する器官と内臓器官からの情報は原則的に同等の重要性をもつことを前提とする。例えば目や耳の器官と、臓器は、器官として同じレベルにあり、いわゆる外界からの刺激も、体内の胃や腸からも刺激も刺激として生体の維持において同等であると考える。そこからのもろもろの刺激が、脳のはたらきをうながし、思考、判断、感情、記憶、蓄積されることばの運用などが意識されるとしよう。こうして外界や体内の刺激内容をもとに、脳はそれらの取捨選択を含め〞消化〞して最適な反応に結びつける。すなわち、対応を判断して生体の次の行動をもくろみ、運動神経に指示をあたえたり、刺激を的確に処理すべく言語化したり、同時に快不快などを自覚したりする。

先の文脈から、われわれはこれらを〝脳内消化〟と言っておいてもよいと考える。ただ、〝体内消化〟と違って〝消化〟する対象が目に見えない事象であることも多いので、実は〝脳内消化〟というときの〝脳内〟は客観的、生理学的な脳の内に局限されるわけではない。体内消化されたものは身体（脳を含む）活動のエネルギーとなるが、〝脳内消化〟されたものは、行動如何に結びつくと同時に、記憶となって〝どこか〟に保存されうるが、脳の中を探しても記憶そのものは見つからない。また、〝脳内消化〟と〝体内消化〟は神経系を通して連動することもある（例えば体内の消化不良が、脳の円滑なはたらきに支障をきたすことも）。このように、複雑で曖昧な領域にもわたり、体内の消化活動ほどくっきりはしてこない。

けれども、その留保のうえで、それでは〝脳内消化〟にたいする〝脳外消化〟は？と強いて考えてみたい。そうすると、なんらかの刺激が〝脳内消化〟されて、身体的動作を促すことのほかに、出来事として記憶に保存されたり、発声器官の発達と結びついてことばとして外化されたりする。やがてそれらは共有のため、また次世代に伝えるため、図像、文字、記号として外化される。このように〝脳内消化〟されたものは身体的記憶とも結びつく（習慣化）が、言語と結びついて生存に関わる事象などの記憶の外化、伝承、記録となる。〝脳外消化〟されていると言っていいだろう。ただし媒体が必要だ。口承が長らく続いていたと考えられるが、やがて岩や石に刻まれ、粘土板、パピルス、羊皮紙や紙が作られる。書き記されたもの《エクリチュール》である。ペンや筆で書かれたものは、〝脳外消化〟活動の産物と言うことができよう。

したがって、紛れもなく歴史的に、文字・記号・図像として外化され、筆という道具によって紙媒体に記録され、文書として保管され、やがて機械化され（印刷機）て今日のコンピュータ機器による集積・編集・産出にいたっていると理解できる。〝脳外消化〟活動のために工夫された道具、機械がやがて肥大化していったのである。私たちの周囲に積まれている文物や知識の集積は、それが〝消化〟されやすいように適切に処理されているかどうか、つまり〝美味〟か〝苦い〟か、頭に入りやすいか歯が立たないか、心地よいか悩ましいかは別にすれば、現在も絶え間なく産出され、蓄積されている〝脳外消化〟の産物ということになろう。

とくに前世紀来、それらが指数関数的に増大し、溢れかえるそれら〝脳外消化〟の産物を、とても個人では〝脳内消化〟できない、とても大量の情報としての商品を〝消化〟などできない、個人のレベルではないというのが、今日の実状であろう。したがって、〝脳外消化〟を外部委託されるにまかせるだけなく、圧迫される個人の〝脳内消化〟を最小限にするために、結果的に有用でありうる消化を狭めることになるとしても、取り入れるべき情報商品の選別という情報操作そのものも、外部委託する趨勢にある（〝パーソナライゼーション〟）。そのようにメディア産業は、個人の嗜好（そのものもすでに相応に誘導されている）をデータ化していることだろう。以上のような、〃体外消化〃、〃脳外消化〃の産物に囲まれて、私たちは生存している、ということもできるのではないか。

われわれは序章で、身体の各器官の拡張の観点から、道具、機械を考えてみた。その観点から、他の器官についてはどうだろうか。今日において、目や耳や手指の動きが拡張しているとは言えそうである。カメラ付きモバイルの送信・受信機能による視覚機能の拡張、同時に音声の伝達、リモコンの遠隔操作、文字入力の送信・受信など、目や耳や手の動きの拡張であることは確かである。このようにＩＴ機器による双方向的伝達により、距離と時間が（程度問題として）短縮するというよりも、ヴィリリオの言うように（第二章、第四章など）、むしろ原理的に廃棄される、と言って語弊があれば、事実上無視できる、と言ってよい。しかしそのことによって、人々の視覚の代替、というよりもそれを事実上乗っ取る「視覚機械」の自動化という事態の進行もわれわれは見てきた（第三章）。

このような拡張の趨勢においては、個々の身体各器官にとっても、機能拡大は事実上他に手立ての見つからない、やむをえない代替でもある。そのため、〃脳内消化〃の縮減と同様に、目や耳の器官の、要らない機能までついてまわる拡張された機器を通して入る過多の情報の、選別、縮減も起こっているのではないだろうか。総じて、脳を介して身体各器官が連携して具体的世界にはたらきかけるというよりは、〃脳外消化〃されたもろもろの情報が、電子的エーテルに乗って、電脳（世界）を中枢として縦横に飛び交い、それらが人々を左右する。電脳世界そのものが、〃脳外消化〃の産物の最たるものと言うこともできる。脳はそれらに反応するのが精一杯になって、人々の身体活動は低減、停滞し、右往左往しているような様相も呈する。このような圧迫について、ヴィリリオは「《実物大》（＝等身大）の尺度」の「圧搾」（第一章）とも言っていた。以上の事態は、今日の私たちの生活、生存の各局面で具体的にどのように現象しているだろうか。

2　都市の衰退と変位――デパートから量販店、そして通販倉庫へ

ヴィリリオは、『恐怖の管理《アドミニストラシオン》』（二〇一〇年）において、都市の衰退に言及している。デトロイトなど、産業構造の転換の必要性などによって説明できるケースのみならず、アメリカやロシアをはじめ、世界中いたるところ数十、数百規模にのぼる、中小都市の人口減をともなう「都市の衰退(2)」である。日本も例外ではないだろう。ヴィリリオは、そこに、「現実の加速化」による人間世界の変容を見ていると言えるが、われわれもまず同時代の身近な例で考えてみよう。

前世紀末から今世紀に入ってからの携帯電話、スマートフォンなどのモバイル端末の普及は目覚ましいものがある。それにともない、都市の佇まいや都市のなかの人々のふるまいに明らかに変化が見られる。街頭でモバイルを手に歩き、また立ち止まる人々の所作は、もはやだれも気にも留めない見慣れた光景である。当のケータイ・スマホを扱う量販店や個別のケータイサービスショップ・店舗が街中や駅前に雨後の竹の子のごとく目につくようになり、街の風景も様変わりしている。百貨店が閉

店して量販店に生まれ変わる例も少なくない。ここで、都市の繁華街の様変わりを見るために、デパートと量販店とを対比してみるのもよいかもしれない。

一八七〇年代にパリのボンマルシェで本格化したデパートの近代的販売様式は、ほどなくこの極東の地にも波及する。「今日は帝劇　明日は三越」のキャッチコピーで名高い三越が百貨店として本格的に名乗りをあげたのは、二〇世紀の初頭である。それ以来、百貨店は衣食住のみならず娯楽やレジャーにもわたって中産階級の憧れのライフスタイルを提供する場として、また催し物や市民の集いの場として賑わってきた。第二次大戦後は経済発展にともない、デパートは規模も拡大して明日の生活の豊かさを演出し、大衆の購買欲を刺激し、消費行動を牽引する中心的な役割を担ってきた。一段上、ひとつ先の生活・行動様式とそのモデルを例示する役割。それは、おそらく、婦人服売り場とともに家具・家電売り場でもっともよく見て取れていただろう。しかし一九七〇年代くらいから、衣料・服飾ではブランド専門店、電化製品ではカメラの量販店が登場する。量販店が、まずカメラからはじまったのはヴィリリオの視点からも示唆的である。カメラはすぐれた視覚機械であり、また今日の売り場の花形は視覚も備えた遠隔情報機器としてのモバイル端末（機）である。

すてきなライフスタイルを想像させる商品を、多少奮発すればおおかたは手の届く程度の高級感をオーラとしてショーウインドーやインスタレーションで演出するデパートにたいして、家電量販店も単価の高いものを扱うものの、なぜか店内にはさほど高級感は演出されない。呼び込みや安売りのアナウンス、チラシなどは、むしろスーパーマーケットに近い。商品そのものが機能性が高い、単価が相対的に高いということで自己完結的であり、少なくとも店内に一律に〝高級〟感は必要なかったのかもしれない、否、店内のデパート的演出は、製品のお買い得を強調するためにはむしろ邪魔だったのかもしれない。商品そのものがハンディーに扱える物品（アイテムと称されるが）として重要なのであって、いつも移動して持ち運び、利用するということ（portable, mobile）が主眼であり、居間のテレビのように生活空間のなかに固定的に設置するもの（家具調まであった）と根本的に存在性格が異なるということだろう。そうだとすれば、物品そのものは固有のオーラを発しているにしても、量販店の店内の環境そのものにとくにオーラは必要ない。

このように家具や電化製品で代表される〝生活空間〟を手に入れようとするのではなく、街中でも田舎でも、山の辺海の辺でも、移動する自分が操作するにふさわしい愛玩品を手中に収めるのであり、わが身体まらホームではなく、動きまわる〝私〟に必要な愛らしい玉手箱、根付に括った現代の〝印籠〟のようなものであろうか。

ヴィリリオは、二〇世紀は、都市は「アットホーム（chez soi）」であったが、今や都市は、「携帯・装着されるもの（sur soi）」になったと言っている。人々は始終、その「ミニチュア化」(miniaturisation)[3]された〝プチ都市〟をわが身に携えている。従来の都市では公的機関を含む中心地区・商業地区・工業地区・文教地区・住宅地区などにおおむね分節されているなかで、不動産として固定している家庭がアットホームな拠点を形成していた。が、現在では、リアルタイムによって急かされた「極の不活性」[4]の時代に入っているとヴィリリオは言う。つまり、地表上のどこにいても、移動中であっても、リアルタイムに双方向的なやりとりが即時に無距離的になされる。情報の取得や伝達、指令、やりとりで、一定の所用時間や空間の移動・運搬を事実上要しない意味で、運動は「不活性」である。またたとえリアル世界では移動していても、不動の中心磁極としてのヴァーチャル世界に通じる、まさに〝端末〟としてのモバイル機器を手にしつつそこから発する〝磁力線〟を受けつづける意味で極に呪縛される慣性にしたがっている。それは、諸個人が実際に現存の場をともにして活動、協働するような現実的な共存を不要にするようである。

したがって、目に見え耳に聞こえる街中のアットホームさは相対的に軽視されるかもしれない。あるいは無関心ではないにしても人々の関心の度合が低下し、街の景観の調和への欲求や期待も減じれば、行政的な配慮も滞るかもしれない。それともコマーシャルを流す大型モニターパネルのように、都市自体がヴァーチャル仕様になるかもしれない。渋谷のスクランブル交差点の大型ＬＥＤパネルを思い浮かべれば、これもありそうなことである。

ともあれ百貨店と量販店を、都市の繁華街の代表的ランドマークと考えれば、都市そのものが、百貨店的なものから、量販店的なものにメタモルフォーゼしてしまっていると言うことができそうである。ホームの居心地の良さ、衣食住の快適さよりも、メディア機器のほうが優先され、そこに展開されるヴァーチャル世界が優位に立ち、そこに当人の心持ちを心地よく包み込む、馴染みある〝都市〟が展開されることになるのだろうか。

ここで、ヴィリリオからいったん離れるが、今日では都市の様相はさらに新たな段階に来ているようである。たった今、百貨店から量販店へという文脈で語ってきたが、昨今の報道によれば、量販店の隆盛も翳りがでてきたのである。米国の家電量販チェーン二位の「ラジオシャック」が経営破綻したとのニュースが報じられた(二〇一五年)[5]。全米四千以上の店舗を展開するチェーン網が瓦解したのである。ネット通販の勢いに屈したかたちである。いわゆる〝ショールーミング〟によって、実物商品は店舗で確認して、購入はネット通販を使うという消費行動の増大である。インターネットで展開する通販が、対面販売をする店舗をまさに食いものにしているとも言える。日本でも、家電量販チェーンの提携や統合なども、少子高齢化だけではなくこの趨勢の影響が大きいであろう。

このような趨勢は、量販店だけではなく、ショッピングモールにも及んでいる。米国では、一九五〇年代に複合商業施設としてショッピングモールが出現し、爾来、増加の一途をたどってきたが、九〇年代半ば以降は、新設のモールは数えるほどしかなく、この数年閉鎖が出てきているという[6]。ミシガン州サウスフィールドの例では、大手の百貨店「JCペニー」、「メーシーズ」などが撤退したことが引き金となっているが、百貨店の低迷、衰退も、消費者がインターネット利用で購入する傾向の増大によるものと指摘されている。モールはモータリゼーション社会に対応して発展した形態であったが、自動車（自走装置）から、居ながらにしての商品の呼び寄せ（スマホなどの情報モバイル装置）に屈したかたちであろうか。一方、「不振モールが多い中、高級百貨店が入る富裕層向けのモールは各地で堅調」とある。ニューヨーク郊外の「高級百貨店ニーマン・マーカスやティファニーなどが入る富裕者層向けのモール」と中級デパート・専門店の入るモールと較べると、1㎡当たりの売上高は三倍超の差があるという。リーマンショック（二〇〇八年）以降にさらに拡大した所得格差と「中間層の疲弊」が背景にあると指摘されている。二〇一六年の米国大統領選挙の、共和党・民主党の予備選の経過を含めてその結果を見ていても、米国社会の格差拡大、都市生活の変容が察知される。アメリカの自動車産業の低迷とＩＴ産業の興隆、工場の海外移転などを見れば、モバイル社会と中間層の疲弊は無縁ではないだろう。

さらに変化は加速度的になっているようである。二〇一八年、郊外型百貨店のシアーズの経営破綻が報じられたが、二〇一九年にはニューヨーク・マンハッタンの二つの老舗の高級百貨店、ヘンリ・ヘンデルとロード＆テイラーの閉店が報じられた。(7)

3　ヴァーチャル世界と都市‐外

そもそもヨーロッパの都市は、歴史的・伝統的に都市の中心部から同心円状に拡大し、中心に戻るにしたがって政治的・社会的・文化的・精神的価値が増大する、求心的な構造をしているとされる（ロラン・バルト『表徴の帝国』[8]。中心広場には、ゴチックの大聖堂が聳え立ち、都市の繁栄と活気を象徴する市庁舎や公会堂、商業施設で賑わっていた。それが、現代では、現実の都市そのものの価値が相対的に低減し、中心部は不要と言わぬまでもとくに不可欠なものとはされない。あるいは中心的施設が都市の縁辺部、郊外にあってもよい。ヴィリリオ自身も、「象徴的な中心性の概念そのもの」がくつがえされ、《都市‐外》(OUTRE-VILLE)[9]となると言っている。

なぜなら、その枢要とされる施設に関する必要な情報やそこにいたる情報手段、道筋はモバイルとして手中にあるから、その現実の所在地は二義的になる。人はミニチュア化された〝プチ都市〟を手中にしていると言ってもよい。そのモバイル＝プチ都市の〝センター〟は、さまざまな情報を検索できるリアルタイムのヴァーチャル世界であり、人々が恒常的に集う場所ではない。したがってその所在は不可視でも一向にかまわないのである。「かつては、古代都市において、世界の軸はその中心に通っていたが、明日には、《都市‐外》すなわちメタ都市は、私たちにとってどこにもないところの真ん中に外部委託《エクステルナリゼ》されるだろう[10]」とヴィリリオは言う。

《都市‐外》とは、二つの意味があることになる。ひとつは、人が手にする〝ミニチュア都市〟を通してつながる、ここにあらずの、目に見えない中心としてのヴァーチャル世界(＝「メタ都市」)である。もうひとつは、その結果、従来の〝都市〟が変容、解体し、〝都市〟そのものが以前の階層秩序を備えた都市から見れば中心も周縁もなくなり、都市でなくなる。あるいは、その意味で都市がおしなべて《都市‐外》になる、ということである。すなわち《都市‐外》は、「一種の物流に関するプラットフォーム」（sorte de plateforme logistique）[11]」となり、中継地化する。すなわち、従来の「空港や港や駅がその縮小模型でしかなかったような」広大な（新たに機能的に分節された）中継地となるだろう。こうして従来の〃都市〃が、二重の意味で《都市‐外》に、いわばアウトソーシングされるのである。

こうしてみると、都市において人が実際に寝起きする場所は、仮のものであってよく（仮のものとするしかなく）、あるいは都市が定住を原則とする形態ではなくなるとすると、都市自体が《都市‐外》化、中継地化するということは、上記の二つ目の意味における都市は、「ゾーン」化すると言ってもよいだろう。なお、ここで言う「ゾーン」とは、歴史的都市パリにおいて、二〇世紀初頭に都市を囲繞する城壁（ティエールの城壁と呼ばれる）を撤去した後に、その無人地帯（ゾーン）に地方からの流入者や労働者が住み着いたことに由来し、通常は、都市周辺の無秩序な仮設的、スラム的な、猥雑な街区を意味するが、同時にアポリネールが詩集『アルコール』の冒頭を「ゾーン」で飾ったように、詩人、芸術家（崩れも？）等の徘徊するある種の猥雑な、誘惑の「ゾーン」でもある[12]。ヴィリリオは、「都市‐外」は、定住的ではなく、中継地化すると言っているので、「ゾーン」と重なり合う。この《都市‐外》は天上の雲ラピュータ（ジブリの映画『天空の城ラピュタ』（一九八六年）もそのヴァリエーション）のようなヴァーチャル世界に蔽われているわけだが、その地上のすがたは、制限された回路で絶えざる移動を強いられる人間の身体に関してはトランジット・ルームの様相を呈し、運搬配送される大量の物品・物資に関しては、物流のための一時的保管の倉庫群化する。一言で言えば、総じて都市そのものは、《都市-外》としてたんなる中継基地と化するのである。それを先取りするかのように、なるほど二〇世紀の都市パリの外周辺地帯にある「ゾーン」には、操車場、貨物列車、倉庫なども多かったのである。

（本章の）2で述べたように、一九世紀後半以来の産業都市において都市住民を引き寄せる華やかな消費の中心であったデパート街は、一九八〇年代から量販店的な店舗となり、そして二一世紀には都市の中心は空洞化し、都市は《都市-外》として中継基地化、通販などのために物流倉庫化する。「ゾーン」に設置されるショッピングモールなどの複合施設は、閉じられた回路で絶えず移動を強いられる人的労働力のエネルギー補給のための中継、通過施設にすぎないのかもしれない。

いずれにしてもヴィリリオが言うように、「都市」は、人々の活動に道筋をつけて包みこむ栄《は》えある環境領域というよりも、「携帯・装着されるもの（sur soi）」になりつつあるのは確かであろう。以上の現象は昨今報じられているように、日本の格差の拡大、中間層の減少、日本の地方都市の中心街の衰退、シャッター通りにもつながる問題であることは言うまでもなく、まさにグローバル世界における世界的な現象である。ヴィリリオは、『恐怖の管理《アドミニストラシオン》』において、先にも触れたように都市は数千年間、変貌しつつも基本的には二〇世紀まで「アットホーム」（chez soi）でありつづけていたが、それが二〇世紀末には、〝都市〟は、「身に着ける」(sur soi) ものになったと言っている。われわれは第五章で、デリダを引いて「自分の居場所」(*Le chez soi*) と言っても、それはいつもその内部で〝他者〟のはたらきを受けている点に触れた。当然、「身に着ける」(sur soi) ものにも他者が介在していることを忘れてはならないだろう。ヴィリリオはさらに、それは、近い将来「即自」(en soi)[13] となるだろうと言う。つまり、身に着けるものから恒常的に装着するもの(ウエアラブル端末)、体内に埋め込まれるもの、チップになるだろうということである。とすれば、埋め込まれた、内部化された〝都市〟は他者(のはたらき)に満ちていることにもなろう。昨今、報道されている、ナノテクノロジーを応用したIT眼鏡などはその試行例と言えるであろうが、こうしてみると、どうあれ、私たちの生活はただ平穏無事で自存的というわけにはいかないようだ。

4　「ゾーン」化する身体

IT機器を身体に装着し、あるいは掌中手放さずに移動するIT社会において、私たちの身体の様態はどのようになっていると考えたらよいだろうか。

情報の入手、選別に関しては、今日では通信だけではなく、メディアを通してさまざまな情報が即時的に手に入る。(本章の) 2で言及した通信販売による商品購入もそうである。資金さえあれば居ながらにして欲しいものが手に入る。世界中の映像も音楽も、巨大なストックとして盛り沢山に用意されている。欲しいもの、見たいものをこちらから出かけて行って充足させなくても、たいていの場合、映像や音楽の呼び寄せや通販による宅配で用を済ますことができる。以前なら、話だけ聞いていて是非ともこの足で行ってみたい、この目で見てみたいと思う名所旧跡でも絶景であっても、関連映像は容易に手に入る。幸か不幸か既視感、疑似的な満腹感がえられるだろう。〝脳外消化〟の情報に触れるだけで、現場に立ち会わず、まさに見聞として〝脳内消化〟せずとも満腹感が得られるとも言える。したがって、実際の行動半径がせばまることはありそうなことである。実際の統計を見たうえではないが、例えば現在の二〇代の若年層を、一九八〇年代と較べた場合、一定の可処分所得の範囲では、平均してケータイ・スマホなどの通信費は数倍に増大しているだろうから、その分、旅行などに向ける費用は減少しているだろうと見積もることができそうだ。

ヴィリリオは、『電脳世界』など各所で、速度の増大によって、空間距離が縮小し時間が短縮され、地球が「小さく」なることは、リンゴが萎びるように世界の老化であると言っていた。固有の身体も萎縮、縮退する傾向にあると言ってよいかもしれない。固有の身体の行動半径も相対的にせばまる。たとえ飛行機に乗って世界中を移動していても、その間、〝プチ都市〟を卓上に置いて操作しつつ、身体にほとんど静止した極を据えているわけである。身体の電子拡張的機能は桁違いに増大しても、身体の純運動的機能は弱まっているだろう（エコノミークラス症候群）。そして、ほどよい規格で〝体外消化〟されたコンパクトな機内食を頰張って胃に流し込む。身体性は旅客機の窓の下の地理空間のミニチュア化と同様に一挙に無力化され、大気圧の低減とともに縮減する様相も呈する。場所や地理が現存的でなくなり、くすんで背景化(14)してやがて忘却されるように、通常の身体もかすんで忘却されつつあるかのようである。

ところで二〇世紀の現象学の流れでは、世界からみずからを切り離した認識主観によって既存の世界を対象として構成するのでなく、事実として世界のなかで身体をもって現存する人間のありかたに立ち帰りつつ、そのような生世界の成り立ちを記述、考察する態度が意識化されたと言える。そこに「世界内存在」というハイデガーの用語が由来する。

ヴィリリオは、ハイデガーの「世界内存在」に関連させて、『極の不活性』(一九九〇年)のなかで、身体の現状について次のように語る。

> 身体の座標軸を構成する広がりと持続の喪失を、ともかくも想像することができるだろうか。ただ行動の自己中心化のためだけに、場所の忘却を、あらゆる場所の忘却を、すなわち「世界内」というよりも、それ自体において存在するもの(un être moins «au monde» qu'en soi)のただひとつの極性という事態を、まともに想定することなどできるだろうか(15)。

人間は事実として世界のなかに生きているのであり、そのような世界の折り目のなかで、人間の固有の身体は、自己の身体の動きや運動を通して、自己に関係する周囲の方向や前後を経験的に身体の座標軸として立てつつ、身体の分節と周囲の世界の分節を習い覚えて自己に関わる時空を構成し、知覚的身体に相関する知覚世界が構成される。そのように構成される知覚世界と身体は同じ生地でできている（メルロ＝ポンティ『眼と精神』[16]）からである。序章で述べたように、個体としての身体とその対象としての世界という関係ではなく、すでに世界のなかに開かれたかたちで身体諸器官の不断の活動がなされており、体外と体内が連続して世界に織り込まれ、世界に開いて活動がなされている。

ハイデガーは、現存在としての人間を「世界内存在」（In-der-Welt-Sein）としたが、メルロ＝ポンティは、それを“être au monde”とフランス語に訳したのはよく知られている。ヴィリリオは、現代の人間は、「世界内存在」ではなく、〃世界に属して〃存在するものというよりも、「それ自体において存在するもの」と見なしている。例えば今日、金融取引に従事する者にとっては、情報の量と流通速度の増加にともない、為替取引の桁や商品交換の速度も飛躍的に増加するなかで、その電子的取引形態とナノ秒レベルの環境が、「人間の環境の代わり、つまり人間の《大地》、その唯一の《環境世界》[17]」〔強調は原著者〕となるのである。そこでは、電子情報、数字・記号の指令・応答が飛び交うヴァーチャル世界であり、人間の身体的座標軸は不活性である。というよりも、身体的にほとんど動かないことが人間活動の優先的な地平を構成するということになる。「存在にみちた身体のこのような喪失[18]」とヴィリリオは言うわけである。

前述のトレーダーの例では、ゼロ・コンマの秒単位で刻々と移り変わるモニター画面を見つめて操作するのであるが、それでも自己の身体はモニター画面の外にあることは、われに返ったときは意識されるだろう。その意味では現実の加速化の最たる例であるが、ヴァーチャル世界はなお全面的ではない。ところが今日では、「自然的な知覚に、もろもろのヴァーチャルなイメージを重ねることを可能にする技術工学[19]」により、ARと呼ばれる「拡張現実」(la réalité augmentée)が、現実にたいして浸潤の度合いを増している。「これらの新たな知覚は、部分的に知覚の喪失という代価を支払う」ことによって成立する。「拡張現実」はある種の「加速された現実にほかならない」のである。このように、今日では、身近な自然的知覚にもろもろのヴァーチャル・イメージが重なり合い、むしろ生身の身体に身近な知覚のフィールドがくすんで背景化する事態が生じている。

さらに今日のヴァーチャル・リアリティー(VR)の、トータルな実用化の度合いもすさまじい。アメリカのメディアが、VRを使ってニュースを報じる試みに乗り出しているという[20]。新聞記事によると、ニューヨーク・タイムズは、二〇一五年一一月に「日曜版の定期購読者約百万人にたいし、頭に着けて手軽にVRを体験できる段ボール製の「カードボード・ビューアー」を配った」。VR専用のアプリも送付して、ダンボール製のビューアーをゴーグルのように両目を覆うかたちで装着すると、難民の子どもたちを扱ったVR向けドキュメンタリーを見ることができる。ヘッドフォーンも両耳に着ければ、NYに居ながらにして、難民キャンプにいるかのように三六〇度、仮想空間のなかにすっぽりはまり込む。こうしてユーザーに現地の実情を〝生身〟で経験してもらう試みが進められているという。このように仮想空間に身体がほとんど全面的に（嗅覚や、味覚や、触覚のヴァーチャル・リアリティーもやがて開発されるだろうか）入り込むしかけが実用化することは、驚異であるが、ある意味ではそれ以上に、ダンボール製で安価に供給できるという点が、一昔前ならば子ども用景品の安物のおもちゃと見紛うばかりで、時代を感じさせる。ともあれ今後は、日常的にこのような仮想空間に出入りする環境になるということであろう。そのとき、仮想空間のなかにこの生身がおそるおそる入って行くのか、それとも仮想空間のなかで、ヴァーチャル・リアリティーを感じる身体になっている、あるいはなりきるので、その見分けもつかなくなるのだろうか。

日本でもちょうど同じころ、原子力研究開発機構が、福島県楢葉町の「楢葉遠隔技術開発センター」で、廃炉作業の訓練のため、「専用の眼鏡をかけることで原子炉建屋内の様子を立体的に見ることができ、作業で浴びる放射線量も確認できる」システムを開発しているという記事があった。[21] その眼鏡を装着すると廃炉内の配管の様子が実物大の大きさの実際の距離感で見ることができるという。

このようなVRの普及により、仮想空間のなかに人が入りこむ機会がますます増えていくと思われる。仮想空間のなかでは、その空間が〝現実〟のものとして体験されるだろう。そうすると、仮想空間と、そこから立ち戻る現実空間とのパレレル・ワールドになるのだろうか。しかし、この二つが切り分けられるというのではなく、いわゆる現実空間にすでにヴァーチャル空間が浸潤しているのが実情であろう。ヴァーチャル・スペースのなかの身体とヴァーチャル・リアリティーを感じる身体との違いがますます曖昧になってゆく。

また、例えば、ゲームソフトのなかでは、操作者の分身がそのゲーム世界のなかで、リアルに成長していく。その場合は、そのヴァーチャルな分身が相応の存在感をもつことになろう。現実の身体が不自由な場合、仮想的身体で達成感が得られる場合もあることは明白であるが、このとき、身体は寸断しているのであろうか。増殖しているのであろうか。あるいは取り換え可能なのだろうか。それとも、私たちが唯一と思っている現実空間はなにか多元的な空間の重なり合いのひとつにすぎないというような思考モデルを考えるべきであろうか。ただ、その場合でも、テクノ－サイエンスの現在の趨勢では、いわゆる現実の身体は、輪郭が曖昧になり、背景化、縁辺化、「ゾーン」化しつつあることは否定できないだろう。

5 「世界内存在」から、不安（定）な「自体存在」へ

第三章など、ヴァーチャル世界の優位性については再三言及してきたが、そのなかで、ヴィリリオの言うヴァーチャルな「双方向性」（interactivité）に着目しても、ヴァーチャル空間のコミュニケーションが現実以上の効力をもつケースが増加している。近年、紙上をにぎわしていたＩＳ（イスラム国）では、インターネットを通して見知らぬものどうしが結びつき、ヴァーチャル・コミュニケー

ションによって行動に駆り立てられる。実在の人物と言われても映像だけでしか知らないにもかかわらず、「インターネット空間に没頭し、リアルとヴァーチャルの境目を曖昧にした現代人の想像力と感情に訴えかけ、国民国家の境界を超越しようと夢見る反近代・反欧米の感情を世界各地で刺激」している。[22]

このように、人々をリアルな行動に駆り立てるものが、「世界内存在」としての現存在のかかわりにおいてではなく、ヴァーチャル世界のコミュニケーションによって発動されることが頻繁に起こっているのである。私たちは〝ヴァーチャル世界内存在〟というステージに入っているのだろうか。

この点を考えるために、あらためて、メディア社会における人間存在を分析してみよう。

今日、私たち自身の実際のありようは、どこに、どのようにゆだねられていると考えればよいのだろうか。それはもはや、住所地番で示されるような地理的位置と布置において一意的に了解されないことは自明である。また、私たちが世界のなかで今日存在しているさまを、ハイデガー風に「世界内存在」と言ったとしよう。だがそのとき、その日常的な周囲の世界は、ハンマーと釘と板のようなハイデガー的道具的連関の環境というよりも、テレビ、パソコン、携帯電話で代表されるメディア的環境として了解されていることも言うまでもない。

しかも、電子機器やモバイル端末に次々に付加される多機能性は、人々の具体的な要請にもとづいて開発されるというよりもほとんど偶発的に誕生し、その利用法にしても、機能が付加された後から事後的にあれこれ考え出されているというのが実情のようである。[23] とすると、人間が技術についてあれこれ想定し制御しようとする平面はごく限られたものであり、それをはるかに越えるメディア工学技術のポテンシャルな圏域が考えられるわけである。このようなメディア技術の増殖する状況のなかで、今日の私たちのありようを新たに探究するために、ハイデガー的「現存在」分析と、ヴィリリオの「走行学」(dromologie) 的世界の発想を結びつけ、今日のメディア利用者の「存在論的」考察をしている和田伸一郎の所論を参照してみよう。

メディア的環境における「現存在」のありように関して、電話が恰好の例となろう。通話中の人が電話に耳をあてたまま、お辞儀をしてしまう場面がよく見うけられる。そのとき通話者は、通話現場にいる生身の身体の固有の「現前」を括弧に入れて、「どこかにいる相手と声を交換している〈仮想の〉身体[24]」のほうを選んでいる。したがって通話者にとって当人のありようの大部分は、〈仮想〉の身体として通話という遠隔との接触そのものに託され、お辞儀をしている身体は見るからに間の抜けた、抜けがらの身体となる。あるいはその電話の指示によって、その後職務遂行のため身体を移動させる。まさに〝ゾーン〟化した身体である。

また、電話の着信音そのものがすでに剣呑である。着信音でドキッとするのはたんに音に驚いたためだけではない。目覚し時計の不意のベル音とは異なり、一瞬緊張し、「後ずさり」する。どこか遠方に電信的に通じているという自己の存在のありようが事前的に了解されているわけであるが、着信音は、なにごとかという可能性だけをひきずって、自分の生身の身体を経由せずに自己にたいして「無媒介に」現われるのである。そこに存在論的「不安」の余地が生じる。メディア利用の世界の内部で出会うことにもなろう存在者についての了解が、そのような技術的メディアの平面にかかわる身体の分裂、さらに存在者の存在そのものにかかわる「不安」と結びつく様相があらわになる。

このような「現‐存在」の「不安」は、「ここ」を占める地理的、場所的「世界内」存在者というよりも、ヴィリリオ的「速度‐存在」にかかわる、動き回る単独的な自体存在の「不安」となろう。ヴィリリオは、自動車のような自走装置とメディアなどの電送装置に原理的に差異がないと考えている。したがってそのような速度的＝走行学的な環境のなかで、乗物＝メディアの等式が成り立つ。むしろ高速運動においてこそ装置の内部では静止、滞留しているのであり、そこに「速度‐存在」の「不活性」という逆説が生じる。メディア利用者のありようは、遠方の環境を「ここ」にいながら経験するというよりも、「ここ」の「空け開き」(Lichtung)に立っている身体に向けて、「遠方を像として襲いかからせ、身体をスクリーンとしてその像をここへと、現前させる」[25]というかたちになる。「世界内存在」ではなく、その身かぎりの存在であり、それもその身体は鎧とはならず、ヴァーチャル世界に内部から晒され、表も裏もない皮膚というスクリーンになる、ということになるだろうか。そのとき、世界に織り込まれ、世界に開かれて活動している身体諸器官に、さらに新たな接続、連関の可能性、あるいは危険性はどのように考えうるだろうか。

6　恐怖の管理

最初にこの題名について補足しておきたい。ヴィリリオの二〇一〇年のインタヴュー収録 ***Administration de la peur*** は、『恐怖の管理』と翻訳できる。ヴィリリオは、英国の作家グレアム・グリーン（『第三の男』の原作者）の小説『恐怖省』（*Ministry of Fear*, 1943, フランス語訳 *Le Ministère de la peur*）から示唆を受けてこのタイトルにしたと言っていることからも妥当と思われる。ただし、"administration" には、〃管理、経営、行政〃の意味のほかに、医学用語で〃薬の投与〃、カトリックの用語で〃秘跡の授与〃の意味もあるので、その「恐怖」が否応なく、遁れられない人間の条件として付与されている、という示唆もあるかもしれない。

さてヴィリリオは、『恐怖の管理《アドミニストラシオン》』の最初のところで、フランシス・フクヤマの『歴史の終わり』の考えは的をはずしていると批判する。むやみに終末論的な響きを仄めかすのは事の本質をそらすと、ヴィリリオは言う。時間の歩みが途切れるわけではなく、どうあれ歴史は続く。終わるのは歴史ではなく、「地理の終わり」であると語る。高速度世界では空間的距離が二義的になり背景化し、地理学的な記載内容の価値が低減するのは今まで見てきたとおりである。また第四章でも扱ったがこの書でも、ヴィリリオは、「歴史の加速化」ではなく、「現実の加速化」であると言う。「歴史の加速化」

が馬車から列車へ、列車からプロペラ機、プロペラ機からジェット機へというように輸送機械の進展のことなら、時間的に発展の段階が縮まり規模が拡大するにしても、人間にとってコントロール不可能な速度とは言いきれず、歴史として、政治経済社会的な側面を交えつつ推移の急速な変化を記述することができるかもしれない。しかし、「現実の加速化」の事態は、光の限界速度にまで来ている。

現在時（temps présent）は、現実的なものの加速化に刻印されている。私たちは瞬間性の限界に達しているのであり、本来的に人間的な反省と時間の限界に達しているのである。[26]

今日の目まぐるしい社会生活のなかで物事への取り組み方や決め方、システムの作動のさせ方をたんに促進するというのではなく、現代社会のテクノ‐サイエンスの作業システムが人間的な時間の枠を大幅に超え、根本的に別様な編み方にしなければ機能しがたくなっているということであろうか。人の手では追いつけなくなってきていること、まさに手に負えなくなっていること、どのようなスタイルがふさわしいのかわからなくなっていること、そのため、例えば時系列的に縦のものを、一挙に横に並べて編み変えるような、あるいはプロセスを省略するような混乱。熟慮の時間を廃棄するような、人々の納得、説得のための時間が取れないような状況も付随するだろう。こうして人は、急速な進行に対応できなくなり、ただ始終急き立てられている。苛立ち、ストレス、不安がいや増す。

このような「現実の加速化」から帰結することのひとつに、ヴィリリオは、人々の「情動の同調化」[27]を挙げている。ヴィリリオは以前より、現代の物質的エネルギー増大社会において、核エネルギーによる原子力爆弾、生態学上の危機の連鎖・爆発、そして情報エネルギー爆発を挙げている。三つめの爆弾は、第四章でも示したが、情報伝達の指数関数的に増大・増幅されたメディア環境に火がついた場合の〝爆発〟である。世界的に同時的に伝播し応答され、反復増幅されるネットワーク環境において、テロ事件をはじめ地震・津波などの自然災害や伝染病パニックや悪意ある伝聞など、瞬時に世界中に増幅・拡大されて伝播し、ニュースの迅速性とともに不安や恐怖も呼び起こし、世界的なレベルで「情動のコミュニティー」が形成され、「情動の同調化」を引き起こす。

それでも二〇世紀の後半までは、新聞、ラジオ、テレビ等のマスメディア（にも固有の問題はあるが）により、世論のデモクラシーが醸成され、それなりの標準化がなされてきたが、現在はその枠、矩《のり》が越えられている。一挙に世界中で人々の情動、感情が同調化するのである。私たちも二〇〇一年九月のアメリカ同時多発テロ以来、二〇一五年一月や一一月のパリのテロなど、そのさまを否応なしに体験することになる。そのとき、「リアルタイム」、「ライヴ」が前面に躍り出て、そのヴァーチャル空間における衝撃的な映像や情報が、一大事として世界中の人々の心を奪うという意味で、〝現実空間〟はなおざりにされる。そして、膨大な反射的反応を誘発し、現実空間はそもそも時間的厚みをもつものであるのに、その厚みのなかでなされる人間どうしの相互的活動や意見交換、熟慮などがなおざりにされることになる。かくも得体の知れない不安や恐怖は、無反省的に同調しやすい情動(émotion)を地球規模で拡大増幅させがちなのである。

このように今日では、「恐怖」は局地的、時間空間的に限定的ではなくなり、ひとつの「環境《ミリウ》」[28]となっているとヴィリリオは語る。つまり、速度世界そのものが「恐怖」で染まっているということにもなろう。したがって、このようなメディアによって増幅される不安、恐怖は、得体の知れなさをはらみつつ情報操作の対象にもなり、したがって政治的管理(administration)の対象になってくる。確かに、グローバル社会におけるその「恐怖」を、国家権力は政治化して、身体的存在としての人間にたいして、人々の生活における健康上の不安や生存そのものの不安の安全を保障するという名目で誘導し、デモクラシーを脅かす、国家の管理を強める傾向にあるのは世界的に言えることである。

ちなみに、グレアム・グリーンの『恐怖省』(一九四三年)[29]は、第二次大戦初期、毎晩のようにドイツ空軍の空爆を受ける灯火管制下の混乱のロンドンを舞台にして、ふとしたきっかけでドイツの諜報組織の活動に巻き込まれた主人公の男が、自分の嫌疑を晴らそうとして、だれが敵でだれが味方かわからない暗闇のなかに引きこまれつつ、手探りしながら謎の正体を突きとめようとする小説である。そのなかで、どこに落ちるかわからない空爆の恐怖下、忍び寄る謎めいた人々に得体の知れない背後の影を感じつつ、孤立感を深める。そのなかで、ドイツで人心をコントロールするため「恐怖省」がつくられ、人々のあいだに疑心暗鬼が蔓延し、だれひとり信頼できる人間はいないという心理的な閉塞状況が話題になる。そして、その「恐怖省」がこの英国にも秘密裏に諜報組織によって浸透し、「第五列」（対敵協力者）を形成しているのではないかという恐怖にとらわれる。まさに「恐怖」という「環境《ミリウ》」が醸成されるのである。

この状況が、二一世紀の加速された現実世界の閉塞的な人間環境にそっくりあてはまるとヴィリリオは見立てる。それは、ミシェル・フーコーの言う「大監禁」（『狂気の歴史』）でもある。「大監禁」は、病人のみならず狂人とされる人々など社会的な非適応者を収容する一七〜一八世紀のパリの一般施療院を指していたが、世界が狭くなり、閉所恐怖症的なパニックの様相を呈している今日の状況を指し示すのにこそふさわしいとヴィリリオは考える。ゲットー、難民収容所、移民街区、格差社会、そして民族主義、排他主義、「他者の拒否[30]」にいたるだろう。しかもヴァーチャル世界を経由して、「時間‐空間的な収縮から生まれる恐怖は、逆説的に宇宙的になる[31]」とヴィリリオは言う。「内破」、「爆縮」後の核爆発のように、あるいはビッグバン時のインフレーションのように、瞬時高圧化したのち、地上を超えて広く宇宙に拡大、拡散するイメージである。恐怖や不安、情動が拡散しやすい環境であること、そのことから目をそらさず考慮しつつ、見通し見返す努力を保ち続けることができるだろうか、ということが課題になろうか。

注

（1）よく言われるように、文明史的に人間の暮らしの根幹として衣食住がある。本稿では、そのなかで食に関する〃体内消化〃、〃体外消化〃に着目しておもにその領域を参照軸として繰り広げているが、人間にとって、世代を経て生き続けることに衣・食・住のどのひとつも欠かせない。またこの三つの領域は互いに関わりあっているが、本稿では衣と住は括弧に入れて、もっぱら人間における食の経路、体内・体外の連関の面を取り出して、参照系としている。

ちなみに〃衣〃については、赤道付近では、気候面では物理的装着としては必須ではなかったと言えるかもしれないが、寒冷地では適応のため、当然のことながら生命維持に不可欠であっただろうし、さらにある一定の段階からは、儀礼、仮装、身体加工、装身具も含めて言えば、〃衣〃は人間社会のなかで濃密な意味を帯びていたことは疑いをいれない

また〃住〃に関しても、どこから〃住〃（木の上？ 洞窟？）と考えるかによって見方も変わるかもしれないが、少なくとも睡眠だけでなく生殖・出産・育児にかかわる場として原基的に考えるべきであろう。たとえ移動生活で仮のねぐらであったとしても、また定住後でも住まいの小屋のほか産小屋など物理的な隔離も含めて考える必要があるだろう。たとえ〃食〃を安定的に供給できていたとしても、それだけでは種の保存の十分条件ではない。生殖・出産・育児が安全に維持、継続されるシステムがなくてはならないわけだ。

このように〃衣〃〃住〃も基本的であり、それぞれ道具の発達にも関係し、またある種の動植物とのアナロジーを考えることもできると予想もできるが、本稿では、もっぱら〃食〃を基軸に据えた。〃体内消化〃・〃体外消化〃がひろく文明史にかかわり、また〃脳内消化〃・〃脳外消化〃のアナロジーに拡

げることが近代、現代を考えるときの参照系になりうると考えたからである。さらに〃体内消化〃にかかわることば、言い回しが、比喩的に物事の受容、反応（飲み込む、消化できない）にひろく用いられていることは本文でも言及したが、同じく「味わう」ということばで代表されるように、趣味判断のことば、形容が、多く味覚に関する表現から来ていること（うまい、まずい、あまい、からい、しぶい）も見逃せない。人間的〃時間〃を吟味する際にも、含蓄、妙味があると考えられるからである。

（2）*Administration de la peur*（『恐怖の管理』）, Textuel, 2010, p. 65. 以下、*AP*と略記。

（3）*AP*, p. 66.

（4）*AP*, p. 65.

（5）『朝日新聞』二〇一五年二月七日・朝刊。

（6）『朝日新聞』二〇一五年八月三〇日・朝刊。

（7）米シアーズ破綻（『日本経済新聞』二〇一八年一〇月一六日・朝刊）。ニューヨーク・マンハッタン、ヘンリ・ヘンデルとロード＆テイラーの閉店（『朝日新聞』二〇一九年一月三一日・朝刊）。

（8）Roland Barthes, *L'Empire des signes*, Flammarion, 1970, p. 43. ロラン・バルト『表徴の帝国』（宗左近訳、ちくま学芸文庫、一九九六年）、五二〜五四頁。

（9）*Le Futurisme de l'instant*（『瞬間の未来主義』）, Galilée, 2009, p. 22. 以下、*FI*と略記。

（10）*FI*, p. 22.

（11）*FI*, p. 15. "plateforme"は、コンピュータ用語では「コンピュータシステムの基盤」を指すが、この"plateforme logistique"は空港などの例が挙げられているので、交通・輸送の基盤的施設を指す。

（12）人々が絶えず入り出て行き、通り過ぎる、社会のしわ寄せの果て、繁栄の残滓の吹き溜まりのような「ゾーン」はまた、場末のいかがわしさとともに、無数の情感や悲嘆、メッセージがざわめき、混沌とした熱量の発現がときに哲学的思考をうながすことも考えうる。Jean-François Lyotard, *Moralités Postmodernes*, Galilée, 1993, pp. 25-36. ジャン＝フランソワ・リオタール『リオタール寓話集』（本間邦雄訳、藤原書店、一九九六年）、二七頁以降、「2．場末《ゾーン》」。今日の移民・難民の（仮）収容施設等も「ゾーン」にあてはまるだろう。

（13）*AP*, p. 66.

（14）ヴィリリオは、「地理の終わり」(fin de la *géographie*)、「距離の汚染〔＝侵害〕」(la polution de la distance)、「現地や猶予期間の実物大の尺度の汚染〔＝侵害〕」(la polution de la grandeur nature des lieux et des délais) について語っている。*AP*, p. 32.

（15）*L'inertie polaire*, Christian Bourgois, 1990 , p. 148. 以下、*IP* と略記。『瞬間の君臨』（土屋進訳、新評論、二〇〇三年）、一九九頁。

（16）Maurice Merleau-Ponty, *L'Œil et l'Esprit*, Gallimard, 1964, p. 19, p. 21.『眼と精神』（滝浦静雄・木田元共訳、みすず書房、一九六六年）、二五九頁、二六〇頁。

（17）*IP*, p. 150.『瞬間の君臨』、二〇一頁。

（18）*IP*., p. 160. 同書、二一六頁。

（19）*AP*, p. 39.

（20）『朝日新聞』二〇一六年一月五日・朝刊。

（21）『朝日新聞』二〇一六年一月八日・夕刊。

(22) 池内恵『イスラーム国の衝撃』文春新書、二〇一五年、一九頁。
(23) 和田伸一郎『存在論的メディア論――ハイデガーとヴィリリオ』(新曜社、二〇〇四年)、九頁。
(24) 同書、三六頁。
(25) 同書、二八〇頁。
(26) *AP*, p. 33.
(27) *AP*, p. 30.
(28) *AP*, p. 16.
(29) グレアム・グリーン『恐怖省』(野崎孝訳、早川書房、一九八〇年)、一三二頁。

記憶を失って精神病院に入っている主人公に、院長の助手と看護師を兼ねているジョーンズが、雑談で「第五列」について次のように語っている。「ドイツ人というのは驚くほど徹底していますからね。彼らは自分の国でそれをやったんです。いわゆる指導者たち――名士といわれる人たちや外交官、政治家、それから労働運動の指導者、僧職者、こういった人たち全員のカード式索引をつくったんです――そうしておいて、最後通牒《つうちょう》をつきつけた。すべてが許され、すべてをなかったものとみとめてもらう方をえらぶか、もしくは検事局行きをえらぶか。彼らが同じことをこの英国でやったとしても私は驚くにあたらないと思いますよ。彼らはいわば恐怖省といったものを作ったのです――最も敏腕な次官級を集めてですね。彼らはある特定の人たちを掌握しているというだけではないのです。問題は、彼らのひろめる一般的な雰囲気なんですよ。そのために、誰一人信頼できる人間はいないという気になるんですね」。

なお、『恐怖省』(*Ministry of Fear*)は、一九四四年にハリウッドで同名で映画化されている(制作、パラマウント・ピクチャーズ)。監督は、アメリカに亡命した『メトロポリス』(一九二六年)で有名なフリッツ・ラング。

(30) *AP*, p. 59.

(31) *AP*, p. 35.

第八章　分岐と時間多様性

1　ヴィリリオの考え方

第四章でも取りあげたが、私たちは、電子情報システムが新たにデータを大量吸引、集積し、プログラム化して拡大し、情報そのものをヴァーチャル世界に自動的に増幅産出する第三段階の機械論の（あるいはそれ以上の）新たな展開の時代にいると考えられる。知らぬまに映像化され画像処理される無言の監視システムのもとで、不安や「恐怖」が宇宙的に広がる「環境《ミリウ》」のなかで、第六章で述べたように、コントロールできない「現実的なものの加速化」によって生じうる、突発的、偶発的事態を、ヴィリリオは、事故《アクシダン》として考える。

それには大きく言って三つあると『恐怖の管理』で語っている。「（自然に関係する）諸物質・物体の偶有性《アクシダン》＝事故、（移動や旅行の期間の短縮の通約性に関係する）諸距離の偶有性《アクシダン》＝事故のあとに、私たちは（ナノ〔=一〇億分の一〕秒レベルで刻む即時的事象に直面する私たちの脳の限界（limites de notre cerveau）に関係する）諸認識の偶有性=事故《アクシダン》（l'accident des connaissances）に足を踏み入れている」[1]と語る。脳の限界にかかわる認識・知識の事故とは、われわれの用いている概念で言えば、まさに〝脳内消化〟（と〝脳外消化〟）の不全、失調である。ヴィリリオは偶有性=事故《アクシダン》による「汚染」（pollution）とも言っている。ヴィリリオは、「デザストル」（désastre）ということばも使うが、ここでは、その語は「破局論」から用いるというよりも、「星《アストル》」（astre）に関連する語として着目し、「災厄=脱-星《デザストル》」は、「星の偶有性=事故《アクシダン》」であると語っている。[2]天体上起こりうること、偶発性を明示するためであるが、事態の重大さはおのずから浮き出てくる。

このような指摘は、今まで見てきたように、状況から目をそらさず、理にかなった筋道で考えてゆけば、ありうること、起こりうることとして導かれる蓋然性であって、それは悲観主義や絶望に彩られるかどうかの問題ではない。事象のとらえ方とその客観性を見据える態度であって、ペシミストとかオプティミストとかの色分けの言辞で糊塗して済ませるわけにはいかないレベルにある。ヴィリリオは、「私は、現象学派であり、ベルクソン学派であり、フッサール学派です」[3]と語っていた。ここで、ヴィリリオの思考風景の原基のようなものをあえて想定して、単純化して語ってみることにすると、例えば、以下のような次第となるだろうか。

ヴィリリオの思考の基本のかたちのひとつは、物事や事象には、原理的に、必ず両面があり、出現と消滅、獲得と喪失、裏と表、夜と昼、光と闇……があり、そしてその両面性のどちらも当体と見なされるものの偶有性として展開される、というかたちをとると考えることが可能である。片翼飛行は無理で両翼なければ空を飛べないように、片面のみはありえないという言い方もできる。

不断に変化する大きな流動体があるとしよう。その流動体において、気体、液体、固体など、さらには大小硬軟、様態変幻のおびただしい分子化合物、無生物、栄枯盛衰の生物などが絶え間なく複雑な相互作用をなしつつ、そのなかで、もろもろの事象の生起、消滅が大小無数の波のように繰り返されているとしよう。そのとき、それらの無数の事象のそれぞれが、それぞれの偶有性の展開を開閉している。その開閉のしかたに関わるのが、偶有性の偶有性としての時間である。運動と静止、増殖と縮減、発芽と未発芽があるように、一時的に当体と見なされる事象も、他の諸事象との関係でその偶有性はすべて全面的に、時間的に繰り広げられるわけではないだろう。両面が満遍なく展開されるわけではない（任意の流動体は、果てしない宇宙から見れば、きわめて局地的であるから、ある種の偏り、特性はあるだろう）が、原理的に両面を分け見せて、波を二つに分けるような事象性の展開の可能性を蔵している。たとえ事象が分割されたとしても、あたかもフラクタルのように事象の両面性は変わらない。

その流動体が、例えばこの太陽系の地球という惑星の走行圏において、とりわけ光の限界速度まで高速化されたとき、そのような事象がはらむ偶有性が偶発的に顕在化する可能性は原理的に例外なくあるのであり、実際、しばしば偶発している、という事実にもとづいた考察を提示しているのである。そのことをいつも見据えること、その重要性を指摘すること、それがヴィリリオの思考の根底にあると考えられる。

そして今日、ここに新たな両面が開かれている。第五章で言及したが、大気圏からの「脱出速度」を得て宇宙に飛びだすと、向かっているはずの上方が月面へ着地するときは下方になり、高さへの落下という方向感覚の狂いであった。機器類の表示はあるだろうが、方向感覚の喪失状態において広がる宇宙空間は「空間のない時間の夜」にほかならなかった。したがって、昼夜という両面の事象展開に代わって、宇宙空間においては、「地球空間と、それのない地球外という交代」となり、それに関わるそれぞれの、かつ相互の事象展開が、その偶有性＝偶発性《アクシダン》が課題になる。そのような新たな両面性の時代にすでに入っていることを、たんなる想定ではなく、紛れもない事実としてヴィリリオは喚起しようとするのである。

2　リズム、時間の多様性

また、われわれは、前章の前段で、〝脳内消化〟と〝脳外消化〟の概念を導入し、生体と環境の相互関係として、生体の活動・維持に必須な〝脳内消化〟（当然〝体内消化〟・〝体外消化〟にも関係する）のはたらきの拡大のために、経験的な蓄積を歴史的に〝脳外消化〟された記録・文書として外化させ、またその整理・類別・保管の手立ての知識も加え、さらに印刷術の発達をともなってその諸成果を産出し続けてきた簡略な道筋を提示した。それらが肥大化して、今日の〝電脳世界〟にいたったと見ることができる。すなわち、〝脳外消化〟の諸産物が、新たに全面的な〝環境〟となって、現《うつ》し身《み》の私たちの〝脳内消化〟の対象となってせまっているということであり、それが日に日に増大しているということである。

したがって、〝脳外消化〟の諸産物の生体にたいする影響（事故、汚染も含め）を〝脳内消化〟する（考える）ために、そうした〝脳内消化〟を試みる過程で、それらについての観察、思考、記録の、その蓄積を新たに〝脳外消化〟して、続行中の〝脳内消化〟（考慮、省察）を進めるために外化する必要があるということだろう。

ただし、〝脳外消化〟の産物の影響はすでに〝脳内〟に不断に入っている（第四章）。〝消化不良〟を起こしたり、首尾よく排出（夢）あるいは通過（忘却）させたと思っても、無意識的に滞留したり抑圧されたものが不意に突沸することもありうるので、そのような錯綜した〝脳内〟状況においてさらに〝消化〟が試みられる、ということになろう。すなわち、外在化されて現にある〝脳外消化〟の産物そのものによる多大な影響（脳の限界を超える認識の事故を引き起こすまでの）を、その影響をすでに受けている〝脳内〟でなお〝消化〟（吟味、思索）するため、新たなかたち、新たなしかたで〝脳外消化〟することが求められていることになる。〝脳外消化〟の〝脳外消化〟である。

このような〝脳外消化〟活動の産物の生み出した光の限界速度にたがをはずされ、時間の均一的高速化に急《せ》かされる現況にたいして、ヴィリリオが考えをめぐらすのは、「リズム」の概念である。ヴィリリオの「走行学《ドロモロジー》」は、そもそも人間とその周囲の世界を、静止した環境を元にしてそこから順次構成されるととらえるのではなく、その存在環境そのものを「走行圏」と考えるしかたを打ち出したものだった。そのなかでの流体の相対的遅速や逆行や静止もあることを、先に（第二章冒頭）筆者はサッカーの試合の流れを譬えとして示した。ヴィリリオは、「時間」や「リズム」、「テンポ」に目を向けて考察することが、政治的思考に抜け落ちてきたことだと指摘し、「走行学《ドロモロジー》」について、あらためて以下のように語る。

> このように、走行学《ドロモロジー》は、リズム、リズムの多様性、時間‐多様性（chrono-diversité）の問題です。よくおわかりでしょうが、私が考えようと努めていることは、TGV〔フランスの新幹線〕の速度を遅くするかしないか、あるいはさらに加速すべきかどうかを知る問題とはなんら関わりのないことです！　私の立場は、古典古代人と近代人の新旧論争とか、技術愛好か技術嫌悪かの論争などには、一切関係していないのです。というのも、私たちの社会は、ものの見事に非リズム的になっているからです。あるいはむしろこう言った方がいいかもしれません。私たちの社会は、ただひとつのリズム、途絶えることのない加速のリズムしか知らない、と。[4]

リズムや時間が多様であるべき走行領域のなかで、ヴィリリオは、「ただひとつのリズム」しかないことを批判する。もちろん技術の進歩にたいする礼賛一辺倒、というよりも思考停止の全般的風潮である。『電脳世界』（一九九六年）でも、「私は進歩に反対というわけではまったくありません」[5]と言いつつ、しかしながら文明におけるヴィリリオ自身の速度の考察を背景にして「技術的進歩にたいする信仰」を一貫して批判し、その圧倒的趨勢にたいしてマイノリティの立場からの抗議の表明を続ける。「レジスタンスの運動家」になると言っているのもその意味である。

『恐怖の管理』でも、「進歩そのもの」を拒んでいるのではないが、「進歩のプロパガンダ」に反対していると言っている。[6]なにをもって〝進歩〟と言うかにもよるだろうが、走行社会における変化、変速のしかたは多様でありうるから、さまざまな事象、局面における進歩について、ただ数量的に数値化したうえで数字の上げ下げをはかり、時間短縮や生産性、効率化のみを工学技術の進歩として無批判に信奉して押し通し、またそれを宣伝広報し、それ以外の考え方、見方を退ける惰性的で傲慢な態度を言っていると考えられる。一言で言えば、フランス語でよく言われるように〝7日間中7日間〟（7 jours sur 7 jours）、〝24時間中24時間〟（24 heures sur 24 heures）という平板で画一的なイデオロギーであろう。

ここで、われわれになじみの〝旅〟の時間を例にとって考えてみよう。道のり、移動行程（trajet）

について、走行領域にあるゆえの伸縮性のあるそれらの固有性も、ここに関わるだろう。出発点と目的地をもち、行為のプロセスの時の厚みとともに移動しつつあることの旅の厚みである。しかし、それが危機に瀕している。ヴィリリオの表現で言えば、以下のようになる。

地政学上の諸領土の広がりの資本化は、それぞれの国民国家の《現-存在》とその国家の自己同一性の存続する力を助長していたが、今後は、どんな局地化をも犠牲にして優位に立とうとするのは、《移動行程の存在》(l'ÊTRE DU TRAJET)とその追跡可能性《トラサビリテ》なのである。[7]

このように走行領域にあるゆえの伸縮ではなく、地域多様性を犠牲にして、ひたすら移動を、しかも閉じた回路での移動を強いられ、追跡される。この場合の《移動行程の存在》(l'ÊTRE DU TRAJET)は頽落的である。つまり、確かな出発点も目的地もなく、ただ常態的に移動中なだけである。しかも、その移動行程と行動の履歴はデータとして累積して追跡可能であり、いつでも検索されるという存在でしかない(インターネット上の消費者動向の追跡も同根である)。しかも私たちは、目まぐるしい走行圏のなかで、自走装置と情報通信装置が同レベルにある次元に存していること、つまり目的(地)に赴くことと、目的(地)を引き寄せることがほとんど等価になる事態にあるのだった。このようなとき、移動行程《トラジェ》の時間はどこに、どのように探ればよいのだろうか。

どうにも行き詰まったら、古人の知恵にならってみるのも存外役に立つかもしれない。江戸時代の街道の〝距離〟の単位とされる〝一里《り》〟は、どれくらいの長さかというと、地域によってさまざまだったとのことである。それも、地域によって度量衡が異なるということではないらしい。江戸時代ほどになると、一般的に〝里〟の下位単位の一町《ちょう》（丁）は六〇間《けん》（一間＝六尺）で、約一〇九ｍであるのはほぼ共通とされる。ところが、街道によって、一里はまちまちだったという。山陽道は一里七二町、東海道、中山道は三六町、佐渡は五〇町、伊勢路は四八町が慣行だったという。全国を道路網的に考えれば、これでは不合理であろう。ところが、旅人にとってはそうでなく、きわめて自然で合理的な設定であったという。つまり、「一定の距離の単位というより、旅程の区切り」、そろそろ休憩しようという距離の目安であり、それは街道が平坦か険しいか、「険阻の度合いによるもの」で、その実状に合わせて〝一里〟が設定されていたというのである。(8)「一里塚」はそのような目安として設置されていたと言えるようだ。

このように〝距離〟は、人間の活動の尺度に合わせて伸縮していた。「移動行程」の〝距離〟は、人間の活動に合わせて、疲労感が出るころに休憩をとり、体力の回復をはかるという身体の活動リズムに合わせて伸縮していたのだ。活動と休息は生きものの、そして人間の偶有性であるが、それは必要な偶有性である。「移動行程」の分節に合わせて、歩行の時間もインターバルの休憩時間も、ほどよい歩行持続がリズムよく進むように調整されていたわけである。こうして旅について、その旅程全体を考えて、ということは旅そのものもひとつの目的となりうるように、ほどよい移動行程《トラジェ》の時間を按配していたと言える。お伊勢参りなど、旅は人々の楽しみであったように、景色や街並みを見ながら移動する時間、休憩のとりかた、それらのほどよいリズムに裏打ちされた旅が、旅程の時間のそのような過ごし方が、名所旧跡の見聞や食べ物の楽しみもまじえてひとつの目的とされていたと考えることもできよう。

そこでさらに、旅の〝時間〟をその〝目的〟そのものとして考えてみたらどうなるか。つまり、確たる出発点も目的地もなくただ常態的に移動中の頽落的《移動行程の存在》ではなく、私たちが、あるときしばし発起して、行きつく先として目的地（のみ）ではなく、過ごし方の、その〝時間〟にたどり着きたいと思ったらどうなるか、と考えてみよう。人生がしばしば旅になぞらえられていたことを思い起こしてもよい。

時間は、光の限界速度の壁にあたる時間のみではない。もちろん、〝時間〟の効率を追い求めるのでもない。私たちにとって〝時間〟とは何か、私たちの〝時間〟とは何かを追い求めるとしたら、それは瞬時ではなされないだろうし、反射的なアウト・プットはありようもない。時の過ごし方は、まさに人間の偶有性であり、時間はまさにその〝過ごし方〟の偶有性、すなわち偶有性の偶有性であった。ということは、〝過ごし方〟の見せるすがたかたち、ありよう、彩りにも関係するだろう。とすれば、時間の差異的な仕組みは、〝過ごし方〟としてのこのような追求の姿勢、思考にも見合うはずである。

その〝過ごし方〟の掘り下げ、あるいは彫り上げ内容はもちろん、そのしかたもまさに〝時間〟の造作に関わるのではないだろうか。

このことは当然、鼓動、呼吸、歩行など、紛れもなくリズム性を有する身体にもかかわるはずだ。旅のみにとどまらず、どのようであれ、世界のなかに開かれたかたちで、すでに身体諸器官の不断のリズム的活動がなされており、世界に織り込まれ、世界に開いて活動がなされている以上、それが不調に苛まれることがあるとしても、否、それならばなおのこと、その世界との関わりにおいてしかわれわれは態様を描くことができないことをしかと知るべきであろう。身体性も巻き込んだ〝時間〟の掘り下げ、彫り上げは、その限りでの未知の偶有的なありかたを見せるかもしれない。蛇足ながら、時にはそのために、進んで〝時間〟を捻出するふるまいも私たちに必要となるだろう。

もし移動行程《トラジェ》の豊かさ、ひいてはひろく走行領域の豊かさを追求するならば、その領域の伸縮にかかわる時間の性質（まさに偶有的付帯性）を徹底的に考える必要がある、ということである。「生物多様性（biodiversité）」があるように、「時間‐多様性（chrono-diversité）」があってもよい。「時間多様性」は、まさにグローバルな現実の加速のために消耗しつつあるが、それをこそ掘り起こして展開しなければならないとヴィリリオは考える。

したがって、私たちの個人的、集団的な関心事の中心に、全面的に侵略的な速度の様式とは反対に、時間の用い方、生活様式の用い方に関するリズム学的な文化（culture rythmologique）を置かなければならない。(9)

加速される速度環境のまねく膨大な情報の過飽和にたいして、私たちの身体、器官の疲弊がないかどうか、あるいは情報の〝過食〟で消化不良に陥って脳内が不調をきたしていないかどうか、相対的に低位な速度環境に身を置いて〝立ちどまって〟考えてみる〝時間〟が必要になろう。容易ではないにしても《移動行程の存在》であることに麻痺することなく、足が棒になるようにただ物事に追われ、またヴァーチャル世界をただ皮膚というスクリーンに映し出すに甘んじるのでもなく、もしその移動において、「都市‐外」、「ゾーン」においてそれでもなお存する、絶え間ない人々や物資の往来の醸し出す、熱気、疲労、葛藤、猥雑性の生み出すもろもろの想念、感情の入り混じった身体のざわめきが皮膚を震わし思考をうながすことがあるとしたら、望むべきは、身体の硬直をほぐし、閉所の拘禁から外れて、閉じた回路を脱する、身体的、感性的経験、知の刷新であろう。

人間はもとより地球上の生物一般には昼夜のリズムがある。それは宇宙の時代も原則として変わらない。睡眠はとらねばならず、脳を含め身体の各器官には生体的リズムがある。活動と休息は生きものの偶有性であるが、それは必要な偶有性である。このようなリズムを形成するにはそれぞれ一定の時間の厚みが必要になる。活発な諸活動の時間もあれば、急かされることのない悠々と流れる時間も大切である。音楽の時間を思えば一目瞭然であろう。

そのような時間の厚みは「持続」と呼ばれる。ヴィリリオは、もろもろの事象の速度が互いに入り混じった相対的な「走行領域」を、人間の基本的な時空の世界として考えているが、そのようななかでこそ、人間にとって、時間の圧迫や即時的な要請にのみ引きずられるのではない「時間のなかで」〔強調は原著者〕計画を練り上げることが肝要であり、持続の過去－現在－未来の三部分からなる構成を手放すことはできない。物事を考察、吟味するために、文物、記録にあたる、記憶をたどり再構成する、話し合い、議論、内省（自己のなかの他者との対話）などを経ての試行錯誤は、私たちに必要な「持続」である。もちろん、一律に保持するということではなく、生活のさまざまなリズムやテンポにおいて、それぞれの多様性をいわば〝多律〟的に、と言えようか。〝脳内消化〟（一定の時間を必要とする〝咀嚼〟、吟味、味読）と〝脳外消化〟（効率的、機械的におこなわれるデータ集積・編集作業など）の時間の違いにもあてはまるだろう。

このことを社会事象のレベルで言えば、〝7日間中7日間〟、〝24時間中24時間〟ではなく、活動に見合った指標、持続の配分という観点が重要になろう。季節、農暦、典礼、祝祭日、祭りなどが固有の日時をつかさどる、「時間多様性」にこそ着目する必要がある。第五章でわれわれは暦法を例に挙げたが、のっぺりとした時間はなく、それぞれの固有の時間が展開され、円環的に閉じるとともに、また周期的に再開される時間のことだ。その周期（近現代的に言えば地球の公転周期）の重なりの暦年については、西暦（一世紀百年）や干支（六〇年）は、その周期のめぐりの連なりの〝偶有性〟と言えるが、暦年の呼称としての元号もそのひとつである。それらの人為的分節は、いずれも歴史的、政治社会的レベルの諸要因をふまえて、別途客観的、相対的に考察すべきものである。

第五章でも考察したように、時間は偶有的であるとしても、その時間は差異化のしくみをはらんでいる。ある一定の時間幅のなかでも緩急や序破急のある構成、あるいは同時進行的なパラレル的、多元的時間、時間交替的リズム構成などが考えられよう。もとより人間の時間は単純に直線的ではない。計測される時系列的な時々刻々の単調な集積ではない。七曜制がそもそもリズムをなしていたし、また月齢に合わせた周期もそうである。一年の周期で言っても、四季がそうであり、例えば正月になると年の始めとして去年あるいは何年も前の正月が思い出される。時間の周期的な積み重ねかたである。また、昔から祭礼や行事の大きく集中するのは、満月の前後であるが、そこに濃密で強度に満ちた祝祭的時空が膨らんでいて、それが固有の時間として累積的に記憶され、伝承されてきた。もちろんさまざまな要因が絡んでくるので、それをそのまま復活させるということではないが、歴史批判も欠かすことなく、この世紀において、この世紀に応じた「時間多様性」を探ること、試行錯誤することは理に適っているだろう。近年、話題にされる産休、育休、介護休暇なども、人間の生涯のリズム、持続という文脈において考察されるべき事例ではないかと考えられる。要は、差異の様相をもちうる時間の平面と諸要素の錯綜したありようを問い直し、差異的現実を構成しうる諸要素、諸平面の分節を問題として考察することであろう。

3　分岐あるいは方向変え

現代において、以前と較べて相対的に走行圏の速度が増加しても、それがまだトータルに絶対的な速度の域に達していなければ、まだその走行圏内での相対的な遅速、テンポ、緩急のリズムなどはありうるのではないか、と考えるのがヴィリリオの視点であった。それは一定の差異的効果、多様性を生み出すことができるのではないか。ヴィリリオは、『電脳世界』（一九九六年）でも、常軌を逸して高速度に突き進むテクノ－サイエンス世界にたいして、「分岐」（divergence）を語っていた。枝分かれ、歩みの方向を変えること、転換である。インタヴュアーの「分岐することは今でもできるのですか」の質問にたいしてこう語っていた。

私の考えでは、相対的な速度の枠内では、それは可能です。人間の本質は抵抗することです。マルローは言っていました。「人は否《ノン》と言うことのできるとき、ひとりの人間である」と。今ここで、このことばを思い出すのは適当だと思います。簡単に言えば、一九世紀の画家たちの分岐、抵抗は途方もないものでした。このことは、作家たちにも教訓になります。ジョイス、ベケット、カフカは、すでにエクリチュールの分岐の作家たちと言えます。(11)

発せられる「否《ノン》」は、単に消極的に否定するのではなく、なにか違う、どこか違う、別ななにかがあるはずだと思考し、流されることに抵抗し、猶予を求める意味合いが込められていると解釈できる。このように、「相対的な速度の枠内」ならば、分岐してゆくこと、時間多様性のさまざまな展開の試みが可能であるはずである。それだからこそ、ヴィリリオは終始、「絶対速度」に向かう速度体制を批判していると理解できる。われわれにとっても、「今ここで、このことばを思い出すのは適当[12]」だと思われる。発刊から二〇年以上隔てていても、ヴィリリオのこのことばはなにも古びていない。むしろさらに今日にはいっそうあてはまるだろう。このように時間を飛び越えて到来することばや文言の伝えも「時間多様性」のひとつと考えてよいはずである。〃脳外消化〃の事績の活かしかたとも言えるだろう。

何であろうと技術的な事物を前にして、新たな分岐をおこなわなければなりません。批判的にならなければなりません。印象主義はひとつの写真批判でしたし、ドキュメンタリズムはひとつのプロパガンダ批判でした。したがって、今日、技術にたいする関係を方向変え（diverger）させるために、テクノ-サイエンスについてのひとつの芸術批判をはじめる必要があります。芸術の愛好家としての私が、技術にたいする私の関心を展開できるのは、ただ批判を通してのみです。[13]

振りかえってみれば、こうした「環境《ミリウ》」を醸成する速度の激変の事態は、大きく言って一九世紀の鉄道、写真、映画などの発明発達に端を発すると考えられるが、その一九世紀の例をあげつつ、ヴィリリオはこのようにみずからの「批判」の立場を明言する。

今回は、科学者たちが、この脅威に見合うような、印象主義やキュービスムやドキュメンタリズムを発明しなければなりません。写真機や映画が画家や映画人におよぼしたリアリズムの脅威のため、そうした人々は新たなことを始めざるをえませんでした。このような変革によって、民主化とは言わないまでも、ある種の平衡、ある種の共通の文化を見出すことができるようになったのです。詩人や画家や映画人は分岐《ディヴェルジャンス》をもとめる人間です。問題は、科学者がそのような人間になることができるかどうかです。[14]

ヴィリリオの考えでは、写真、連続写真、映画の発明にたいして印象主義やキュービスムの運動が起こったように、ナチスの政治的プロパガンダ映画にたいして、イギリスのドキュメンタリズムの批評的なニュース映画が展開され、その系譜にイタリア・ネオレアリズモやヌーヴェル・ヴァーグを位置づける。同様に、科学者は現代の科学の進展とその技術応用的所産にたいして、「分岐をもとめる人間」になれるのかどうか[15]。あるいはわれわれが批評的立場から科学者にたいして、どのような提言ができるか、ということになろうか。

われわれは、序章で機械論から語りはじめたが、マンフォードは最初の機械である、弓矢について、「弓は、まず楽器として使われたのではないか、ということは、疑わしいとしても想像できることだ[16]」と語っていた。この例のように弓と弦と矢は、楽器の方向もあるのではないか、と考える方向が意味をなすのではないだろうか。一挙に大きな方向変えは困難であろうが、それも時間の尺度のとりかた次第である。先述のように、今日にあってもその走行圏内での相対的な遅速、テンポ、緩急のリズムなどを創出することはできるはずであり、それが一定の差異的効果を生み、新たな多様性、編成の実現に結びつくことも不可能ではないだろう。

総じてヴィリリオは、第三段階の機械論の新たな展開の時代、二一世紀の前半を生きる私たちにたいして、予断を許さない加速された現実、事故《アクシダン》、破滅を蔵するエレメントのなかで、今日の世界の混迷を照らし出し、明日にも起こりうるが、偶有性《アクシダン》である以上、必然的ではありえず回避することも可能な事故《アクシダン》を浮かび上がらせつつ、新しい知の必要性を説く一貫した視点、私たちにとっての反省的思考のよすがとなるべきひとつの視座を提示していると言えるだろう。

ヴィリリオに関しては、自身、「私は革命家ではなく（pas révolutionnaire）、啓示家（révélationnaire）です[17]」と語る。これもヴィリリオの言述にはよく出てくる、語呂合わせの一例でもあるが、私たちが地球上と、宇宙空間あるいは「空間のない時間の夜」との両方にまさに身を置いて生存していることを露わにし（révéler）、その変動の大きさを語り続けることを含意していると考えられる。みずからを「無政府主義－キリスト教徒」（anarcho-chrétien）[18]とも称するヴィリリオの、思想家としての自負をあらわしているかもしれない。

注

（1） *Administration de la peur*（『恐怖の管理』）, Textuel, 2010, p. 78. 以下、*AP* と略記。

（2） *AP.* p. 85.

（3） *AP.* p. 25.

ヴィリリオの関心は、とくに、「私たちの居住、大地——そのなかで、それによって私たちが固有の身体を経験する空間としての——を思考する意志を表明した」後期フッサールであると語っている。そのあとで、「現象学は、世界内存在の慣性《イネルシー》を要求したのであって、そのことはまさに、なんらかの世界《モンド》が問題であって、流れ《フリュ》ではないということです」（*AP.* p. 25.）と語っている。これは、現象学が生活世界における、私たち身体的存在の固有の慣性を考察するということである。そこに現象学の真価があり、科学技術的な均一的な「流れ」のなかにある存在として見るのではない、という意味に解釈できる。実際、「流れ《フリュ》」の語は、よどみない集積・移送の加速化にかかわる標語〃ピンと張った流れ《フリュ》、ストック・ゼロ〃（« flux tendus stocks zéro » *AP.* p. 72.）のように使われる。そのことを、ヴィリリオは現実世界を見据える視点から、「走行圏」という速度環境として問題化していると考えられる。

（4） *AP*, p. 28.

（5） *Cybermonde, la politique du pire*, Textuel, 1996, p. 77. 以下、*CP* と略記。『電脳世界』（本間邦雄訳、産業図書、一九九八年）、九二頁。なお、同箇所の「私は進歩に絶対的に反対です。」は誤訳で、「私は進歩に反対というわけではまったくありません。」に訂正してお詫びする。同書で、正確にはヴィリリオは、「技術的進歩にたいする信仰」に強く反対し、それを批判する。

（6） *AP*, p. 38.

（7）*Le Futurisme de l'instant*（『瞬間の未来主義』）, Galilée, 2009, pp. 64-65.
（8）小泉袈裟勝編『図解 単位の歴史事典』柏書房、一九八九年、二七五〜二七六頁。
（9）*AP*, p. 89.
（10）*AP*, p. 87.
（11）*CP*, p. 25.『電脳世界』二一頁。
（12）*CP*, p. 25. 同書二一頁。
（13）*CP*, p. 34. 同書三二頁。
（14）*CP*, p. 37. 同書三七頁。
（15）例えば「かすれていくナビ」、「足こぎ車椅子」、「弱いロボット」など「不便益」の研究の方向はそのひとつになりうると思われる。川上浩司『不便益のススメ』岩波ジュニア新書、二〇一九年。
（16）ルイス・マンフォード『機械の神話』（樋口清訳、河出書房新社、一九七一年）、一八六頁。
「ウクワネは猟の弓を取り出し、その一方の端を乾いたメロンの皮に当て、アシで弦を叩いて音を出し始めた」。この描写は、私が前に引用したブッシュマンについての優れた著書から引いたものだが、芸術と技術の初期の相互作用を証拠だて、われわれを、プロメテウスとオルフェウスが双生児であった、それもほとんど一体の双生児であった時代に引き戻す。武器や、火起こし錐、弓錐に回転運動を与える装置といった後世の多くの使い方が、鳴る弦から思いつかれる前に、弓は、まず楽器として使われたのではないか、ということは、疑わしいとしても想像できることだ。〔……〕
弓と矢は、人間的な必要——かならずしも生物的な適性ではない——から分離しうる、特殊化された、抽象的な形に転写することによって、後世の多くの機械的発明の原型として役立ったかも知れない。ことばの場合にように、「分離しうる」ということが重要な観念である。とはいえ、矢に羽をつけたのは、武器としての正確さを得るためではあるが、おそらく、矢と生きた鳥の羽との全く呪術的な同一化によるものであろう。」

（17） *AP*, p. 72.

（18） *Le littoral, la dernière frontière*（『沿岸地帯、最後のフロンティア』）, Sens&Tonka, 2013, pp. 27-28.

終章　脱オリエンテーションの思考——ヴィリリオから道元へ

ヴィリリオは、デリダは「脱構築」を発案したが、「私は脱オリエンテーション（la désorientation）について考え続けてきたことになるだろう」とデリダ本人に語ったと言っている。(1)

第五章で取りあげたように、宇宙空間では方向感覚が喪失状態になるし、暗闇のなかでは四囲に広がるはずの空間そのものが不可視となり「空間のない時間の夜」になるのだった。また désorientation は、精神分析学では、時間・空間の方向喪失、状況認知の不全（〃失見当識〃）の意味をもつ。ヴィリリオの「脱オリエンテーション」は、脱方向づけ、脱方位ということになるが、この語で、進みかた歩みかたまなざしの向けかたにかかわる、またまなざしそのものの成り立ちも問う、さまざまな角度からの、既存の方向づけ、進路取りそのものを掘り崩し、なんらかの分岐にかかわる未思考の領野を開くための、たゆまぬ思索の持続が意図されていると解釈できるだろう。

1　脱オリエンテーションの思考

もちろん方向性や進路の脱構築的ないとなみは容易ではない。考え方の形式面で言えば、例えば前章の1でヴィリリオについてわれわれが想定したような考え方はそれにあてはまるだろう。物事には両面あるとともに、なにかの進展で得るものがあれば同程度に失うものもあるという考え方もそれに属するだろう。その逆に、失わなければ得ることもできない、退かなければ進むこともできない、ということもあるだろう。ドゥルーズが言っていたように、移動することがノマドとは限らない、「不動の旅」もある、という見方も関係するかもしれない。

われわれとしては、どんなことが考えられるだろう。今いるところからとりあえず始めるしかないが、その場がどのような輪郭をなし、どのような層域にあって、いくぶんかの身体と知力は、どのような按配に配置され、かかわっているのか、好もうとも好まなくとも、望ましいか望ましくないかにかかわらず、その時々の、優勢な、支配的な環境は広がってゆく。〃進歩〃は展開されてゆく。しかしながら、その展開のされ方は、そのされ方の分岐（そのまた分岐……）は、偶発性がある。偶発的でありうる。それを広げる、繰り広げるなにかの〃力〃がある。〃力〃がはたらいている。〃人間〃と（まだ?）呼ばれているもの、あるいは事象が、それに関与する、相渉《あいわた》ることは可能であり、どのように展開するにせよ、出来事の蓋然性に関わることには変わりないと考えることは可能であるはずだ。

身体は、世界に織り込まれ、（部分的であるにせよ）世界にはたらきかける。そのような身体は歴史をふりかえっても、入れ墨、化粧などの支持体であり、耳輪、鼻輪など身体加工もほどこされ、自傷行為に及ぶ場合もあるが、輪舞のように身体連接・離接による表現もあり、なにかしらかの記号、メッセージの支持体でもある。それが今日、接続・切替えの人工補綴器官と重なり、また画像・記号を映じるスクリーンともなりうる。

チップの埋め込み、人工臓器・器官、人工装具は、今後ますます実用化が進んでゆくだろう。これらは、〝脳外消化〟の産物であり、それを体内に導入あるいは接続するのは、体外〝消化〟としては未消化である。しかし、消化物としてではなく、コンパクトな接続として、器官として身体を代替、補強するかたちで身体化することになるだろうか。あるいは、それは人間のロボット化だろうか。それとも遠隔にあっても、現《うつ》し身《み》の身体と同様にコミュニケーションの取れる分身ロボットの展開だろうか。この点は当然のことながら、遺伝子工学の進展の実態の批判的検討も含め、分岐のありかたを仔細に見極める必要があるだろう。

あらためて考えてみると、人間にとって、自身の目に見える身体外部は知覚されているが、自身に直接は見えない顔や背中などの身体部分も画像としてイメージ化され、さらに身体内部もさまざまな機器による画像として、程度の差こそあれ随時、適宜イメージ化可能になっている。そしてこれらのヴァーチャル・イメージ群は画像としてますます精度を増している。目に見える身体部分も、機器による精度の高い拡大によって、〝拡張現実〟(réalité augmentée)化される態様になっている。それは当然、人間の目に見えている外界にもあてはまる。

現在の諸知覚ともろもろのイメージが、同じ次元に配列されるような〝スライド変わり絵〟のように、あるいは折りたたみ変わり絵、飛び出し絵本のように、その事象は変化しつつ転現する。いずれにせよ、二次元が原基であり、フラット化しうる様態にあるとともに、波打つように絶えず変幻する。身体は世界に織り込まれて世界にはたらきかける以上、そこにはそれに見合った世界も映し出される。その世界は、ヴァーチャル次元の浸潤しわたった世界であろう。局面によっては、リアルとヴァーチャルが事実上、質的区別のないかたちで取り扱えるように展覧されている。それが原則的に現況(アクチュアリティー)を構成しているということであり、そこにどのような展開がありうるのか、どのような場合でも偶発的な危険は避けられないが、好むか好まないかに関わらず、そのことを見据え、それを踏まえて踏み出さねばならないということだろう。

繰り返しになるが、このような身体はもともと外部にたいして皮膚を輪郭としてきっぱり閉ざされているわけではない。五感の広がりが世界と不可分と見ることができるだけではなく、外界が(ちくわ状の)身体内部を通っているのであり、身体の各部分のイメージを思い浮かべて知覚、感覚される内感覚のようなものがあり、それに応じて諸感情も生じ、快・不快を感受する。現し身の身体の輪郭が曖昧になり、背景化、縁辺化、「ゾーン」化しがちになるとしても、身体にはもともと動静、能動受動、睡眠覚醒のリズムがある。快・不快に（ときにはきわめて鮮明に）あらわれるように、身体は終始沈黙しているわけではない。なにかのかたちで身体の〝声〟が聞こえてくることもあるだろう。残念ながら、身体が〝悲鳴〟をあげるといった言い方が脳裏をよぎりもするが、身体がはずむ、のびのびする、歌いたくなるというときも変わらずあるはずだ。

そのような身体がイメージとしてヴァーチャル次元に関与していても、また仮想現実世界にあっても、あるいは身体機能の低下を補う拡張身体や、遠隔への意思伝達を充足する分身ロボットを介しても（たとえ離散的であっても）、本質的に身体の快、不快、快調感、不調感、運動感は別なものではないだろう。そのような場合も、通常の身体イメージと同様に、適切に折り合いをつけるべきであること、ケアの必要があることには変わりない。例えば当座に感覚される下肢イメージが、現に知覚（感覚）される肢か、拡張現実の義肢か、あるいは幻肢かは、事後的な位置づけ、配列、接続、とらえ直しの問題となり、そのような様態に私たちと私たちの世界があることを見据える必要がある、ということになろうか。ただそうであっても、どのようであれ生命活動にかかわる身体性の肝要さは変わりないと言えるはずであり、別の言い方をすれば、身体性とヴァーチャリティーは、原則的に対立とか相反の関係ではないということだろう。

2　『正法眼蔵』と現在

さて、以上を踏まえたうえで、「脱オリエンテーション」に戻ろう。今までのさまざまな検討から、〃方向〃を考える場合、少なくとも私たちのいる場所、空間は、随所で言及したように、いわゆるユークリッド的空間ではない。また例に出されていたように、宇宙空間では座標軸が固定せず、上方が下方になったり、その逆もあるだろう。ヴィリリオも「これからはエーテルの中で、飛んだり泳いだりする術を習わなければならなくなるだろう」(第五章)と語っていた。「脱オリエンテーション」(désorientation)は、脱方向化、脱方位化とも言えるが、そもそもどのような空間や場にあって、方向、方位を考えるのか。しかも、もしそのような空間や場があったとして、それは固定的なのかどうか。

それでは作業仮説として、三次元ではなくて二次元にする、前節でも考察を試みたように身体性とヴァーチャリティーの絡み合う二次元で考えるとしても、原理的な方向性は依然としてある。しかし少なくとも方眼の網目模様とは限らず、トポロジカルな三角形の模様かもしれないし、その平面も球面三角形的かもしれない。そうすれば網目に沿って進んでも球面なら元に戻るし、あるいはメビウスの帯でも表裏を変えて循環する。そこで方向を、どのような方向(無方向であれ)にせよひとつではなく、複数にして考えるだろうか。そうすると、分岐はパラレル・ワールド的になるだろう。並行世界はヴァーチャル・リアリティー次元ではシミュレーションはいくつも可能であろう。しかし、そこでも、前進と後退、あるいは停止は必ずしも一義的ではないだろうし、あるいは陥没と突起、交代、ひとつではなく多孔・多突起の交代運動もあるだろう。そして、平面の振動、蠕動、あるいは平面からの飛躍あるいは潜行のような局地運動も、いわゆるワープのような不連続もあるかもしれない。

このように考えをめぐらしてくると、唐突に受けとめられるかもしれないが、筆者にやみがたく思い起こされるのは、道元の『正法眼蔵』である。方向づけ、オリエンテーションの既設性を掘り崩して自由に考えてみる、そのしかたを問うのであれば、大いに参考になりうると考えられる。そこで以上に関連して、筆者の思いめぐらしになるが、この終章で『正法眼蔵』に着眼し、道元の思考とともにわれわれのテーマについて考えてみたい。ちなみに「眼蔵」は、フランス語では“réserve visuelle”とも訳され、ドゥルーズも何度か言及している。(4) 文字通りで言えば、視覚の貯蔵庫、アーカイブスである。

2・1　而今の山水と古仏の道現成

もちろんわれわれは、歴史的に現在にいたる宗派・教義の問題は別にして、あくまでもテクストとしての『正法眼蔵』をわれわれの目の前に置いている。テクストに基づいて考えたい。以下、三つの巻を取りあげるが、まずは、なかでもよく知られている「山水経」（七十五巻本、第二十九）の巻の、冒頭の文をご覧いただきたい。

而今《しきん》の山水は古仏の道現成《だうげんじやう》なり。ともに法位に住して究尽《きうじん》の功徳《くどく》を成《じやう》ぜり。(5)

この冒頭文について、文字通りで、今日のわれわれにどう受けとめられるか考えてみよう。「而今《しきん》」は今、現在という意味である。「山水」は、さしあたって山水画と言われるときのように山や川などの光景、「山水」ととることができる。したがって「而今の山水」は、今、現在の山水とする。「古仏」はそのまま〝古い仏〟に取っておくとすると、「道《どう》」についてはいろいろ解釈がありうるが、ともあれ当座、現在、目にしている「山水」は、「古仏」という、謂《い》われのありそうななにかの現われ成ったもの、と読めそうである。一種のダブルイメージ、あるいは複合現実とも読めるかもしれない。

さてあらためて「古仏《こぶつ》」に注目しよう。「仏」は、仏陀、ほとけであり、解脱した真なる存在である。「古仏」は『正法眼蔵』に頻出するが、その「古」は、たんに古い、古びたという相対的な意味でない。それは、悠久の、あるいは始まり以前の、もしくは始まり云々を超える真なる存在と取ることができる。その次の「道現成《どうげんじょう》」の「道」であるが、〝みち〟(例えば「八正道《はっしょうどう》」……八つの正しい修行のみち)という意味と、〝言う〟、〝ことば〟(『正法眼蔵』七十五巻本、第三十三「道得《どうて》」…道《い》い得ること、言語表現)という意味がある。なお「現成」は、現われ成ること、立ち現われること、成就と取っておいてよいだろう。

そうすると「古仏の道現成」は、〝古仏のみちの現成〟、あるいは〝古仏のことばとしての現成〟の二通りの解釈が可能である。後者は、「而今の山水」は(単なる風景ではなく、突きつめて参究すれば)、時を超えた存在の真実そのものがことばとして成る出来事そのことである、と解釈する。今回われわれが注目するトピックに直接かかわらないので、その詳細の検討はここでは措いておくが、ちなみ筆者は解釈として後者をとる。(6)

さて、注目すべきは、次の「ともに法位に住して究尽の功徳を成ぜり」の「ともに」である。二つの事象が、ともに、しかるべきまっとうな場、地位に住して、申し分なく究め尽くされた善行、恵みを実現している。その二つとは何か、それは「而今《しきん》の山水」と「古仏」、である。それらが双方ともに、充全にその力を見事に発揮しているのである。

かりに、リアルとヴァーチャルの相関に引きつけて語るとすれば、現にあるリアルな山水は、悠久の真理のことば(あるいは真理のみち)のダイナミックな立ち上がり、現出である、と見立てることができる。ただし、双方の関係は「ともに」であって、現実世界がイデアの世界の不完全な写しでしかない、といった仮象とイデアの二元論ではないことが肝心である。「ともに法位に住して」であって、優劣の関係にもない。静的でもなくて、「而今の山水」と「古仏の道現成」の二重螺旋のような互いにうねるようなダイナミックな関係にあると言ってよいと思われる。(7) この一節は、そのコンテクストは別途、慎重に考察する必要があるが、われわれにとってリアリティーとヴァーチャリティーの重なり合い、二重螺旋のようなうねりを想定する際のヒントとなりうると考えることができるのではないか。而今と古仏の、差異がありながら別ではないという、ありのままであるとともに悠久であるようなそのうねりに、冒頭文として殻を破って立ち上がり、惰性的に閉ざされた回路から解き放つ力、強度が感じられるのではないだろうか。

このような思考は、「画餅《わひん》」（七十五巻本、第二十四）の巻にも見られる。通常の「画餅不充飢《わひんふじゅうき》」（絵に描いた餅は飢えを充たさない）の字面の意味を踏み込んで、〝絵に描いた餅〟を徹底的に問うことにより、「もし画は実にあらずといはば、万法みな実にあらず(8)」として、画図《わと》（図像表現）と尽界尽法（現実の全世界・全存在）の相即を説くときも、以上のダイナミックな論理がはたらいていると読むことができる。

2・2 下方《げほう》と空中

二つ目に、脱オリエンテーションに関連して、方向づけについての固定的な観念を脱するにふさわしい叙述として、「法華転法華」の巻の一節を参照しておきたい。ここで法華は、「目に見える姿形を備えた華として咲き出ている真実そのもの(9)」である。また「転」は、未踏の地を力強く転がる車輪のイメージは残しつつ、明瞭に説くこと、説き渡ること、読み説くことである。

この引用箇所では、『法華経』の「従地涌出品《じゅうじゆじゅっほん》」のなかに出てくる偈《げ》「如是諸子等、学習我道法、昼夜常精進、為求仏道故、在娑婆世界、下方空中住」（かくの如き諸子等《ら》は　わが道法を学習して　昼夜に常に精進し　仏道を求めんが為の故に　娑婆世界の　下方《げほう》の空中に在りて住せり(10)）が念頭におかれている。すなわち、法華を習い読み、法華の教えを説く多数の尊者たちが、そのように転じ転じられつつ地中から地上に湧き出るのであるが、現世という娑婆《しゃば》世界の下方の空中に住していると説かれ、以下のように、上下が反転するかのような相においても語られる。それはどういうことだろうか。

あるいは、「下方《げはう》」といふ、すなはち「空中」なり。この下この空、すなはち転法華なり、すなはち仏寿量なり。仏寿と法華と法界と一心とは、下とも現成し、空とも現成すると転法華すべし。かるがゆゑに、「下方」「空」といふは、すなはち転法華の現成なり。(11)

以下のように解釈することはできるだろう。なお、『法華経』も含めて仏典はしばしば自己言及的な言い回しがあるので、その点をことわっておく。

あるときは「下方」と言われることがある。それはすなわち「空中」である。この世界の下方は、空中なのである（これは、もちろん虚空に浮かぶ須弥山《しゅみせん》世界の知見によると解釈できるが、それにのみにあてはめなくてもよい）。「この下」、「この空」と言っても、固定した見方にこだわってはならない。「この下」、「この空」は、華として咲き出でている「法華」のありようを真に説き示すことによって成るのであり、仏の無量の寿命の力そのものである。「仏寿」と「法華」と「法界」（真実の全世界）、そして（姿かたちをもって咲き出でている無尽の全世界の実相と一体になるかのように転じる＝説く）

「一心」は、下方に現われ出でるとも、空中に立ち現われるとも読み説く、華ひらく真実として読み説くべきである。それがまさに法華を転じることそのものである。

このようにして、『法華経』に説かれるように、「従地涌出《じゅうじゆじゅつ》、住在空中」の転法華もあれば、さらに道元によって「従空涌出、住在地中」の転法華もあると説かれる。[12] すなわち、あるいは「下方」が「空」でもあれば、地から湧き出て法華を転じる多数の尊者たちが、空中に住することもあり、その逆に、空中から湧き出て地中に住して法華を転じることもあり、方向や様態は固定化されない。なにかの方向づけや実体化を止むことなく脱してゆく活動、思考の運動と言うことができるだろう。

2・3 日月星辰は人天《にんでん》の所見不同あるべし

それでは三つ目に、「身心学道《しんじんがくどう》」（七十五巻本、第四）の巻を引いておこう。「学道」とは「仏道を学習」することである。学道するということは、身《しん》をもって学道し、また心《しん》をもって学道することである。以下は、まず「心をもて学する」場合であるが、あらゆる「諸心」をもって学するにしてもその「心」を実体化するのではない。これらの心を「放下《はうげ》して」学道することもあり、「拈挙《ねんこ》して」（取りあげて）学道することもあるという自在な態度においてである。そのなかで、「しばらく山河大地日月《せんがだいちにちぐわつ》星辰《しやうしん》、これ心なり」と提起され、以下のような一節となる。

地《ち》はかならずしも土《ど》にあらず、土《ど》かならずしも地《ち》にあらず。土地《どち》もあるべし、心地《しんち》も、あるべし、宝地《ほうぢ》もあるべし。万般《ばんばん》なりといふとも、地《ち》なかるべからず、空《くう》を地《ぢ》とせる世界もあるべきなり。日月星辰は人天《にんでん》の所見不同あるべし、諸類の所見おなじからず。恁麼なるがゆゑに、一心の所見、これ一斉なるなり。これらすでに心《しん》なり。内《ない》なりとやせん、外《げ》なりとやせん、来《らい》なりとやせん、去《こ》なりとやせん。生時《しやうじ》は一点を増《ぞう》ずるか、増《ぞう》ぜざるか。死には一塵《ぢん》のさるか、さらざるか。この生死および生死の見《けん》、いづれのところにおかんとかする。[13]

この一節は、ことばの意味は比較的読み取りやすいと思われる。このようになるだろう。

足で踏み立つ地盤は、必ずしも土とはかぎらない。土の地盤もあるだろうが、心を地盤とすることもあるだろう。宝玉を地盤とすることもあるかもしれないし、いろいろ数え切れないだろうが、ともあれ地盤はなければならない。空《くう》を地盤とする世界もあるべきである。太陽や月や星々については、人間界の見るところと天上界が見るところでは見えかたにきっと異なるところがあるだろう。生きものの種類によって、見えかたは同じではないのだ。例えば、人間界が水と見るところを、天上界は瓔珞《ようらく》（貴金属や珠玉の首飾り）の装飾と見る。鬼は猛火、膿血と見る。竜魚は宮殿、楼台と見る。人間に見えているものは他の世界では別に見えているのかもしれない。あるいは、ひとつの対象について、諸類でいろいろ見えかたがあるとしているのか、あるいはいろいろな対象について誤ってそれらがひとつのものと錯覚しているのか、よくよく考えてみなければならない。(14) このような問い、追究の「一心」にこそ普遍的な真実があらわれるのであるが、それは「内」であるとするのか、「外」であるとするのか、「来る」のか、「去る」ということなのか。そのような相対的な設定ではなく、ということなのか。さらには、生まれるときとは、一点が増加するのか、増加しないのか、死は一塵が去るのか、去らないのか。この生死《しょうじ》および生死を見ることは、いずれのところで見えるものとすればよいのか。見えるものとされればよいのか。

このような見えかたの違いは、「一水四見」と言われる仏教の知見であるが、これは、こういう見方もあればああいう見方もあるということをただ言っているのではない。主体がなにも影響を被らずに「水」を眺めているのではなく、水なら水を徹底的に究め尽くそうとする姿勢、運動と不可分であり、そのような「人間界」の「水」の究尽によってこそ、例えば「天上界」の「瓔珞」がありありと想定される、すなわちなんらかのかたちで立ち現われる、あるいはなんらかのしかたで「四見」のありようを垣間見ることもありうるが、にもかかわらず、それは「水」にほかならない、ということだろう。

そのためには、例えば「赤脚走《しちきゃそう》して学道するなり」、「翻筋斗《はんきんてう》して学道するなり」(15) とあるように、裸足で走り回るように学道するのであり、とんぼ返りして学道するのである。また、「尽十方界真実人体はよく翻身回脳《ほんしんういなう》するなり」(16) とあるように、四方、八方、上下の全世界、十方世界はことごとく「真実《しんじつ》人体《にんたい》」であり、それは存分に身をひるがえし休みなく脳をめぐらして、先入見を打ち払って変幻自在に活発に運動するのである。
「真実人体《しんじつにんたい》」とは、真実の「人」の体現ということであり、その「人体」は「四大五蘊《うん》なり[17]」とある。四大は地・水・火・風であり、身体をつくる四つの基本素材（エレメント）である。五蘊は色・受・想・行・識という、人間の身心の諸活動を構成する五つの束である。したがって、「人体《にんたい》」は単なる人体《じんたい》ではなく、そのような四大五蘊《うん》から成り立つ、人間の活動の体現そのことである。

道元の文章は、しばしば身体を巻き込むように、運動的、躍動的である。勢い、強度に満ちていて、速度感と律動感が顕著である。静止、沈黙においても、はるかな静けさ、遠く澄み渡る余韻も感じられる、透徹した言語表現をなしている。

以上の引用箇所もそうであるが、道元はなんの滞りもないという意味でたんに融通無碍を説いているのではない。道元にあっては、発菩提心《ほつぼだいしん》（成道《じょうどう》を願う心を起こし、修行を心に決めること）によりひたすら仏道修行（只管打坐《しかんたざ》）に励むことが第一義であった。そのため示衆《じしゅ》（衆に示す）され、書として残された『正法眼蔵』は、それまでの仏典、語録に関しても既設の方向性や権威を疑い、固定的な解釈や想定をくつがえす徹底した思考として、経や語録を引用しつつも余すところなく掘り下げつつ問いを打ち立て全力で展開しようとする文章のみなぎる力の発露、軌跡に満ち満ちている。その意味で彼の文章《エクリチュール》はランダムという意味で無方向なのではまったくない。

道元の生涯に関係して一言だけ言っておけば、宋留学から帰った後、既存の仏教界からの圧迫、鎌倉前期の世俗の世界の動乱・混乱のなかで、にもかかわらず「空手還郷《くうしゅげんきょう》」（手を空にして郷に還《かえ》る、師の天童如浄《てんどうにょじょう》の教えのみで、それ以外なにものにも頼らない）[18]の道元が、何としても言語表現として打ち立てなければならなかったところに思いをいたすべきであろう。

3　道元の思考に学びつつ

以上のように、道元の『正法眼蔵』から引用してきたが、われわれとしては、それによってなにかを回収したり、収束を図りたいのではない。いくつもの地平に、上下、左右、外側に内側に、十方、万方に開きたいのである。この〝貯蔵庫〟に入って、今の時代にあっても、なにかを手がかりとして、なにかのかたちで開くすべを学べる、リアルかヴァーチャルかにかかわらず、世界が別様に見えるかもしれない思考の態勢、それにふさわしい姿勢のとりかたを学べるのではないかと思うからである。最初に取りあげた而今の山水と古仏（の道現成）は、差異がありながら別なもの、別なことではない、という思考運動であった。そこに〝スライド変わり絵〟のように立ち上がる身心をまじえての〝世界〟現象が広がる。しかも、言語表現をまじえて〝世界〟現象ができている、そのような見えの世界、聞こえの世界がある。リアルタイムの（地理的な）遠隔現前がヴァーチャル次元にあるように、時間的な遠隔存在、書かれたもの《エクリチュール》の表象、記憶の地層からの〝空中〟現前もありうるだろう。このようなヴァーチャルとリアルの分節、重なり、包含、離脱、うねり、陥没、それらのなかで不断に伸縮する身心の分節を目の当たりにしつつ、方向や所在についても、四方のみならず、上中下の方向や様態も固定化されない、なにかの方向づけや実体化を止むことなく脱してゆく運動がありうる。上方を突き抜け、底を突き破る、「透頂透底《てうちんてうち》[19]」を志向すべきだろうし、それを遠心、求心、逆転することも必要と言えるだろう。

3・1　六神通《じんつう》と今日

以上にくわえて、遠隔現前、遠隔通信の電子ネットワークの充実するこの時代を考えるのに参考になるかもしれない道元の著述はあるだろうか。もちろん直接的にはありえないが、『正法眼蔵』に「神通《じんづう》」の巻（七十五巻本、第三十五）がある。今日でも〝神通力《りき》〟といわれるときの神通のことで、人力を超えた無礙自在なはたらきとされ、代表的なものに「六神通《ろくじんづう》」がある。これらは、往時の人間には通常持ちえないとされていた能力と見なしてよい。器官の拡張如何についてはすでに随所で問題としてきたが、あらためて今日のテクノロジーの所産と照らし合わすために、その六つを拾ってみよう。「神足通《じんそくづう》」（自在に欲するところに現われる能力）、「天眼通《てんげんづう》」（自他の未来の在り方を知る能力）、「天耳通《てんにづう》」（普通人の聞き得ない音を聞く能力）、「他心通《たしんづう》」（他人の考えを知る能力）、「宿命通《しゆくみようづう》」（自他の過去世の在り方を知る能力）、「漏尽通《ろじんづう》」（煩悩を取り去る能力）の六つである。[20]

最初の「神足通」は「神境通」とも言われ、境界《きょうがい》を不可思議に変現する通力であるから、今日においては身体の瞬間移動（テレポーテーション）はさすがに無理であるが、画像としては大半が可能になっているだろう。「天眼通」については、千里眼の意味では事実上成し遂げられている。また今日でも自他ともに未来透視はできないが、現在の諸条件から（近）未来の生活様態をシミュレーションする場合、以前よりもある程度推測の幅におさまる事象が多くなっていると言えるのではないか（少なくとも八〇〇年前よりも不確定因子は少ないだろう）。「天耳通」については、遠隔の音声という意味ならば情報通信機器により（双方向的にも）ほぼ実現されているが、なにか天の声を聞くとか、ダイモーンの声（ソクラテス）を聞くとかの意味もあるとしたら、とくに条件がよくなったとは言えないと思われる。

四番目の「他心通《たしんづう》」については、単独の巻（第七十三）がある。気持ちや情念にかかわる「念」ならば、往時もある程度察せられただろうし、今日では心理学、生理学等によっていっそう察知の精度は増しているかもしれないが、仏教でいう「心」は、先に「法華転法華」の〝一心〟や「身心学道」の〝しばらく山河《せんが》大地日月星辰《にちがつしょうしん》、これ心なり〟とあったように単純ではない。「他心通」の巻は、西天（インド）から「他心通」を心得ていると称する学僧が唐にやって来るが、応対した大證国師（?〜七七五）との問答に答えられず、浅薄さが露呈するというエピソードから始まっている。これについて著名な古人・先人がそれぞれ言及していろいろ見解を示しているが、他の箇所では大いに尊重している先達にたいしても、この件ではどれも不十分と批判する道元の歯切れよさは目を見張る。結局

「他心通」は道心を保ち修行するための必要前提条件ではなく、真実の智慧を求める仏道に付随する(まさに偶有的な)感知力であり、例に挙げるのが、達磨《だるま》の二祖慧可《えか》にたいする「汝得吾髄《にょとくごずい》」(汝、吾が髄を得たり)[21]の言である。道元によれば、それこそが「他心通」であった。

五番目の「宿命通」に関しては、輪廻転生のなかで自他の「過去世」の所業が現在の境遇に結びつくという考え方が前提となっている。しかしそれを前提にしなくても、人が歴史や文学などから過去の人間の生き方、所業、思想を学ぶというのはそれとしてありうることである。今日、文献に関する図書公開、アーカイブスは以前よりも充実しているのは確かである(なにしろ当の『正法眼蔵』にしても、二〇世紀以前は宗門の内部においてさえ閲覧がきわめて困難であったと言われる)。六番目の「漏尽通」は、煩悩から脱却する方法であるから、今日でもいちばん大事で、かつその心得を身につけるのはいちばん困難にちがいない。時代が異なるので煩悩の内容にはそれなりの変化もあるだろうが、また精神的な悩みが症状となった場合は医学、精神医学の発展が寄与する面もあるが、器質的な病因に還元できない場合は、その解消のしかたが特段に向上しているとはとても思えない。なお「五神通」というときは、この「漏尽通」を除いた五つである。

こうしてみると、それぞれの神通力について、電波などで変換可能なもの、〝脳外消化〟の蓄積を利用できる事柄については、一般に能力の拡張が得られていると言えるが、それ以外については、今日それほどの通力の向上があるとは言えないと思われる。「神通」の巻に立ち戻れば、そこで六神通を取りあげているにせよ、全体を通して主眼は、仙人が語るような神通ではなく、日常茶飯、行住坐臥のひとつひとつの立ち居振る舞い、ことばのやり取りが大切だと説いていると読みとれる。さらに、百丈《ひゃくじょう》懐海《えかい》（七二〇？～八一四）の「六入無迹《ろくにゅうむしゃく》なるを、亦た六神通となづく」[22]が引用されている点に注目したい。六入は、眼・耳・鼻・舌・身・意の六根の各器官であり、また色・声・香・味・触・法の六境の対象世界である。「無迹」は、あとをとどめない、という意味である。したがって、眼と色、耳と声などの対《つい》が、自在に跡をとどめないまでに通じ合うということが、「六入」を「無迹」に明らかにして窮めることと、まずは言っていいのではないか。各感覚器官が自在にはたらき、おのおのが「不染汙《ふぜんな》」（煩悩や迷いによって汚されないこと）であり、それがすなわち「平常心」であるとする。このように五官、意（識）を入れれば「六入」の自在なはたらきを、日常的に重視することは今日でも劣らず大切なことにちがいない。

今日において、そのような器官のはたらく日常的、現象的身体に関しては、先に述べたようにイメージは二次元化可能になるだろう。すなわち〝脳外消化〟の所産が環境となっている相において、外観も内部も投影化され、外部知覚と並列化される。けれども、そのように身体がイメージとしてヴァーチャル次元に関与していても、また仮想現実世界にあっても、それでも通常の身体イメージと同様に、適切に折り合いをつけるべきであることには変わりない。ＡＲ的な拡張四肢であっても、個人の身体を託された遠隔ロボットであっても、とんぼ返り（「翻筋斗」）して学道し、尽十方界真実人体を、脳髄による〃脳内消化〃・〃脳外消化〃活動も含めてよく翻身回脳《ほんしんういのう》して活動する必要があることには変わりないはずである。身体は、たとえいかようなりとも、活発な活動はありうる、その力を与えられていると考えてよいはずである。そのうえで最低限言えることは、おそらくその時々で判断力をはたらかせることであり、身体の快・不快の判断から、広く遠く深く、五感の感受力、物事のあじわいを感じ取る力、そこからさらに、趣味、美感的判断力、そして想像力、構想力にも相渉るのではないか。

現象世界で対象化される個体としては、個体としてその局面で映像化されうる、客観化されうるが、諸個人はヴァーチャル次元の共有による同調化により、より集合的に、操作対象的になるのかどうか。それとも、ヴァーチャル次元を介しても、実のあることばのやり取りや共感覚によって、向上しあうことができるのか。集合的、社会的存在である一方、「いまのなんぢ、いまのわれ、尽十方界真実人体なる人なり」[23]として個々人が自立的に立ち行くことができるのか、それは、今後、メディア環境、情報速度環境との交差のなかで、なお集合と個体に関する展開の両面を注視すべき課題であると思われる。

3・2　一水四見とAI

さらに「一水四見」に関連して、それでは〃脳外消化〃の産物の極みであるAI（人工知能）は、人間界をどう見るのかという問いも生じる。水についていては、ＡＩが水を〝見る〟のかどうかはともかく、水の画像は、H_2Oとして処理するのだろう。それでは人間はＡＩにどう見えているか、どう見えることになるか。この点は検討、吟味に値するだろう。

ＡＩ搭載ロボットは、ヴァーチャリティーがテクノロジーと結びついて具現化した最たるものと言える。ヴァーチャル次元では日常化していた人工知能が、人造人間として、部分的に現実存在化する。それは、人間をはるかに越える、遠隔機能、遠隔知覚、送受信、どれほどの桁違いかもわからない電算処理能力をもち、自動機械として飛びぬけた性能を発揮しうる、個別的現実存在、個体の出現ということになるのだろうか。ＡＩを駆使した軍事ロボットの実用化も進んでいると報じられている。

現今のように、監視カメラやクレジットカード、ＧＡＦＡなどによる膨大なデータから集積した、諸個人のデータ群を人間の諸特性として、監視カメラの画像解析による個人特定化やカード（キャッシュレス化）による購買傾向、関心や行動の種別を電算処理しているならば、人間はそのような観点によって定義されていることになる。ＡＩを自立させたとして、それは当然、人間を同じ観点で対象化するだろう。人間が、人間を含めて対象をそのように見なしていることを忠実に反映するからだ。

その意味で、ＡＩロボットは鏡に映る人間の鏡像であり、人間の鏡像でしかない。『我輩はカモである』（*Duck Soup*, マルクス兄弟主演、一九三三年、〝ダック・スープ〟は、たやすいこと、まるめ込まれやすい人、いいカモ）のなかの、有名な鏡の物真似シーンのように、ＡＩも絶妙なタイミングで見事に鏡に映る姿、挙動を真似てくれるかもしれない。あるいは当面こちらの思い通りに動いてくれるかもしれないが、やがて自律的な学習によって、映画にあるように、いつか人間の動作と別な動作をする（してしまう）かもしれない。だがそれもきっと、人間が望むから（観客が物真似を楽しみ喝采すると同時に、破綻も求める）ということになろう。ＡＩにとって、人間がそのように見えているからである。そうならば、私たちはカモになるかもしれない。

「一水四見」について先に挙げた道元の問いを思い起こそう。「この生死および生死の見《けん》、いづれのところにおかんとかする」。生死《しょうじ》をどう見るか、生をどう見るか、死をどう見るか。ＡＩには、どのように見えるのか、死は、たんなる諸器官や諸細胞の、時差をともなう活動停止か？　それは、ＡＩがどう見るかで決まるのではない。畢竟、私たちが生死をどう見るか次第ということだ。生と死をどう見るのか。そもそも私たちはどう見ているのか、見えているのか。

出生については、出産前の受精卵の遺伝子操作（ゲノム編集）が技術的に可能になっていると言われ、また脳死の判定と延命治療の関係などについても昨今は対応が個別的な問題となりつつあるようである。しかしながら、個人に関しては、だれひとり自分の出生を経験としては把握していない。物心ついてから身近な赤ん坊や小児を観察して、ほとんど無力で保護が必要であり、受け身の存在であることを知る。そこから、自分は徹底的に受動的な存在としてこの世に生まれたことを事後的に知ることになる。

同様にこの世を去るときも、その境目はわからないだろう。少なくとも、死に行くときもひたすら受動的である。「されど死ぬのはいつも他人なり」とは、マルセル・デュシャンの墓碑銘であるという。私たちは私たち自身の出生はもちろん、自身の死も見ること、死んだと判断することはできない。考えてみれば、私たちにはわからないことだらけである。

4　飜身回脳《ほんしんういのう》

道元は「生は全機現なり、死は全機現なり[24]」と言っていた。生は、全体的なはたらきの現われ出たものであるという。何の全体的なはたらきかと言えば、私たちにとってはなにか不可思議なというほかはない。同様に、死はなにか不可思議な全体的なはたらきの現われ出たものである。

私たちは世界には生と死があり、その世界で死すべきものとして私たちが存在していることを知っている。生を生成、死を消滅としてもよいだろう。しかも、そのような生と死であるが、生が死になるのではない。死が生になるのでもない[25]。そして「生も一時のくらゐなり、死も一時のくらゐなり」（第一の巻「現成公案」[26]）とあるように、生と死は、その一時《いっとき》において、全機現という、あらゆる事象を巻きこみうる全面的な活動であるが、それらは一時の位として限定的でもある。と言っても、その経過を俯瞰するような視点があるのではなく、「さきの全機現ありといへども、いまの全機現を罣礙せざるなり[27]」とあるように、いまの全機現は、先立つとされる全機現に妨げられることなく、また後とされる全機現を妨げることもないのである。また、「生は死を罣礙せず、死は生を罣礙せざるなり[28]」とあるように、生と死は互いに妨げ合わない。相罣礙《あいけいげ》しないのである。

このように生と死は、表裏の関係にあるとは言えるが、表裏一体的な面と、裏のない表・表のない裏のような関係の両方あり、メビウスの帯のようにどこかで連続することはありえない。また離れている平面に譬える場合は、たとえ交叉しても互いに影響し合わない。そのような生死について私たちには不明なことだらけである。そこから問わなければならないということだろう。道元は、生を人が舟に乗っている様子に譬えている。

生といふは、たとへば、人のふねにのれるときのごとし。このふねは、われ帆をつかひ、われかぢをとれり、われさをゝさすといへども、ふねわれをのせて、ふねのほかにわれなし。われふねにのりて、このふねをもふねならしむ。この正当恁麼時は、舟の世界にあらざることなし。天も水も岸もみな舟の時節となれり、さらに舟にあらざる時節とおなじからず。このゆへ（ゑ）に、生はわが生じせしむるなり、われをば生のわれならしむるなり。舟にのれるには、身心依正、ともに舟の機関なり。尽大地・尽虚空、ともに舟の機関なり。生なるわれ、〳〵（われ）なる生、それかくの如し[29]。

われが帆や舵や棹を操るといっても、舟がわれを乗せているのであり、舟なくしてはわれはありえない。逆にわれが舟に乗るからこそ、舟をその名にあたいする舟ならしめていることになる。まさにこのようなとき（正当恁麼時《しょうとういんもじ》）、舟にかかわりのない世界はない。天も水も岸も、舟の活動にかかわり、ほどよいころあいに連関する。舟に乗っているということは、まさに生そのことである。われがそのような生を生じさせたと言えるし、また逆にそのような生が、生きているわれを生じさせたと言える。舟に乗っているということは、身心も、環境世界も本人も（依正）、ともに舟の「機関」となっているということである。いっさいの大地、いっさいの虚空もともに舟の「機関」なのである。生なるわれ、われなる生とはこのようなことである。

この文脈でわれわれが舟の形に言及できるとすれば、その形は偶然あるいは任意のものだとして、流れや四囲の環境に応じて、ある程度は変形できるのかどうかという問いが生じるだろう。もしそれが可能だとして、以上の筋道に沿って考えてみるならば、舟が浮かぶのが宇宙空間であっても、電子の海、あるいはエーテルであっても、身心および周囲と本人が「舟」の「機関」であること、その相関関係、連接・離接関係には基本的な相違はないのではないだろうか。そこでは、その「機関」をよく生かすすべを考究することが眼目となるはずだ。

ここで、先ほど引用した「尽十方界真実人体はよく翻身回脳するなり」を、そのまえのくだりとともに再度引用したい。

去来を参学するに、去に生死あり、来に生死あり、生に去来あり、死に去来あり。去来は尽十方界を両翼三翼として飛去飛来《ひこひらい》す。尽十方界を三足五足として進歩退歩《しんぷたいふ》するなり。生死を頭尾として、尽十方界真実人体はよく翻身回脳《ほんしんういなう》するなり。[30]

「去《こ》」（去ること）に生死《しょうじ》（生じることと死滅すること）があり、「来《らい》」（来ること）に生死があり、また「生」に去来《こらい》があり、「死」に去来がある（冬が去〔り春が来〕ることもあれば、〔秋が去り〕冬が来ることもある）。そのような「去来」は十方世界すべてを両翼三翼としてあますところなく飛び去り飛び来たる。十方世界すべてを三足五足としておしなべて「進歩退歩」するのである。そして「生死」を頭尾として、「尽十方界真実人体」は申し分なく身をひるがえし脳をめぐらして、滞りなく変幻自在に活発に運動すると説かれる。

先に述べたように、個人はみずからの出生と死は空白である。あるいは靄か霞のように広がっている。個人は徹底的に受動的に生まれてきたが、にもかかわらず、なにかを引き受けなにかのために生き、病や老いを引き受け、やがて世を去る。[31]「生死ともに凡夫のしるところにあらず[32]」と言われる。いつのまにか身につくような知ではない。

こうして個人の生と死は、それらを頭と尾にするにしてもその両端のありようは靄霞で果てしなく広がっている。「生」を生涯の意味にとるとしても、生まれ落ちた受動的な存在は、その生涯で世界と自身を問うことでしかその証しを得ることはできないだろう。またみずからの死そのものを知ることもできないだろう。けれども両端が不可視に広がっているからこそ、疑い、問う余地が限りなく開いているとも言える。「身は学道よりきたり[33]」である。だからこそ、そのように学道として問い学ぶことが、「飜身回脳」する「人体」につながると言うことができるのではないか。

私たちは、今まで、生と死をどれだけ考えてきたのだろうか。生はどこから生なのか、死はどこで死なのか。先ほど見たように、生と死は同じ平面での推移ではない。生が原因で死が結果ではない。生が死を目的とするのでもない。死が原因となり、さかのぼって生を設定するのでもないだろう。そのような生は苦なのか難なのか、喜びなのか驚きなのか。成長なのか衰退なのか、あるいは試練なのか僥倖なのか。死とは消滅なのか蕩尽なのか、あるいはなにごとかの輪郭なのか発散なのか、ピリオドなのか余白なのか。生を全うする（全機現）とはどういうことか。そこには死者の生前の声も響くだろう。生者にとって死の全容はわからないが、そこに沈黙があるのはわかる。そして、その沈黙はなにも語らないということではないだろう。生と死は、互いに妨げ合わない関係であるが無関係ではないならば、切り離さず「生死」というほかはない。

今日において、そのような生死がどのようであるかをどこから考えるのか、生死をどう見るかを、どこにおいて考えようとするのか。先に描いたように、生死は、表裏一体的な面と、裏のない表・表のない裏のような関係の両方あると考えられる。そして、先の舟の譬えにあったように、生ならば生で全機現において「尽大地・尽虚空[34]」が「機関」としてあり、ひるがえって死ならば死で全機現において「尽大地・尽虚空」がある。そのうえ、「生の全現成にあらずといふことなし、死の全現成にあらずといふことなし[35]」であるとともに、生や死を固定的に閉じたかたちでとらえてはならず、「生も生を透脱し、死も死を透脱するなり[36]」と究めることも打ち出されている。生は生を突き抜け、死は死を突き抜けるわけである。「山水経」の冒頭の句と同様、生死《しょうじ》も、このような現成《げんじょう》と透脱《ちょうとつ》の相即不離のダイナミックな運動と不可分と言える。

そのような生死を「頭尾」とする「尽十方界真実人体」に、私たちの生死の実相がどのように映し出されうるか。容易に答えられることではなく、またそのような「尽十方界真実人体」から何をどれだけ学び取ることができるかは未知数である。けれども私たちは好むと好まざるとにかかわらず、否応なく電子的エーテルのなかで自身の身心も含めて宇宙的な存在のありようをさらに問題化しなければならない時代に入っているのは紛れもない事実である以上、これまで以上に飜身回脳《ほんしんういのう》しなければならないような、等身大はもちろん、飜身回脳の拡大、遠隔伝播・作用の高速ネットワーク環境、あるいは大渦のなかに入っていることを確認し、私たちが瞥見したような、「尽十方界真実人体」の飜身回脳で主題化されている問題を、今の私たちがどのようにとらえ、どのようなかたちで、どのようにすれば原基的な問題構制として打ち立ててゆくことができるのか、と問うてみることも意味あることと思われる。それらを不問に付して、〃進歩〃などが考えられるのだろうかと疑問を呈することもできる。それが、〃人間〃となお呼ばれている私たちの課題ではないだろうか。

私たちには、方向としての途《みち》ではなく、大小広狭転変変幻が待ち受けているのかもしれない。上記引用のあとは以下のように続く。最後に引用したい。

飜身回脳するに如一銭大《にょいっせんだい》なり、似微塵裏《じみぢんり》なり。平坦々地、それ壁立千仭《へきりふせんじん》なり。壁立千仭処、それ平坦々地なり。[37]

尽十方世界が「飜身回脳」するのであるが、それは一銭玉の大きさのようであり、微塵のなかのようなものだ。平坦に広がる地平であるが、それは聳え立つ高い崖なのだ。その聳え立つ絶壁、それはまた平坦に広がる地平である。

注

(1) *Le littoral, la dernière frontière*（『沿岸地帯、最後のフロンティア』), Sens&Tonka, 2013, p. 42.

(2) *Cybermonde, la politique du pire*, Textuel, 1996, p. 81.『電脳世界』（本間邦雄訳、産業図書、一九九八年)、九七頁。

また第六章の1で見たように、「事故《アクシダン》の博物館」に関連して、「進歩とは、いわば受けいれられた供犠と表裏一体です」と言っている。

(3) *Nietzsche, aujourd'hui?*, 10/18, Union générale d'éditions, 1973, p. 187. J・デリダ、G・ドゥルーズ、J-F・リオタール、P・クロソフスキー『ニーチェは、今日?』（林好雄、本間邦雄、森本和夫訳）ちくま学芸文庫、二〇〇二年、二二五頁。

(4) « la réserve visuelle des événements dans leur justesse », Gilles Deleuze, *CINEMA 2 L'IMAGE-TEMPS*, Minuit, 1985, p. 28. Deleuze, Guattari, *Qu'est-ce que la philosophie*, Minuit, 1991, p. 39. 言及されている版は、Dôgen, *Shôbôgenzô*（Ed. de la Différence, 1980)。

(5) 水野弥穂子校注『正法眼蔵』(二)、岩波文庫、一九九〇年、一八四頁。道元のテクストについては、引用文では振りがな（ルビ）は引用文通り、旧かなを付した。ただし、既出の引用語句を、本文中に「 」や地の文などで再度取りあげる場合は、適宜、現代かなを振った。

(6) 後者の解釈について。山水が見えているとして、そのような見えをことばで認識することは「山水」ということばが立ち現われることと相即である。さらにそのように存在をまとうことばはどこから来るのか、存在の真実のことばの到来とは?と問う。あるいは、「而今の山水」（ということば）が出来事として打ち立てられようとするときに、それをうながし、突き抜けようとする力があるとすれば、それは何かと問う。それが「古仏の道現成」にほかならないと考えるとすれば、その通りということになる。「道現成」の詳細な解釈については、森本和夫『正法眼蔵』読解4（ちくま学芸文庫、二〇〇四年）、三二五〜三三一頁参照。

同時に、参究された「而今の山水」に、存在の真実（「古仏」）そのものがことばとして成る、そのありありとした成就を、出来事として読み取る、ことばとして聞き取ることでもあるだろう。なお、第二十四の巻「渓声山色《けいせいさんしょく》」のように、宋の蘇軾が「渓水《けいすい》の夜流《やりゅう》する声を聞くに悟道《ごどう》す」（『正法眼蔵』（二）、一〇八頁）という故事が取りあげられるケースもある。「正修行のとき、渓声渓色、山色山声、ともに八万四千偈を〔惜〕しまざるなり」（同書、一二六頁）。「偈《げ》」は仏の教えを詩のかたちで表わしたもの。

（7）冒頭の句は、「空劫已然《くうこふいぜん》の消息なるがゆゑに、而今《しきん》の活計《くわつけ》なり。朕兆未萌《ちんてうみぼう》の自己なるがゆゑに現成の透脱なり。」と続く。以上の連関の解釈については、拙論「説き起こされることば」、『道元思想大系』17（同朋社出版、一九九五年）所収、二九七〜二九九頁参照。

（8）そのあとに、「万法みな実にあらずは、仏法も実にあらず。仏法もし実なるには、画餅すなはち実なるべし。」と続く。寺田透・水野弥穂子校注『道元』（上）、日本思想大系12、岩波書店、一九七〇年、二八六頁。

（9）森本和夫『正法眼蔵』読解10、ちくま学芸文庫、二〇〇五年、二四一頁。

（10）坂本幸男・岩本裕訳注『法華経』（中）、岩波文庫、一九七六年改版、三一〇頁。

（11）なお「法華転法華」の巻は、七十五巻本には含まれない。水野弥穂子校注『正法眼蔵』（四）、岩波文庫、一九九三年、四四三〜四四四頁。この巻の引用箇所以降の展開については、拙論「道元のことばと世界――あるいは透明な亀裂」(『駿河台大学論叢』第二〇号、二〇〇〇年七月)、三~一〇頁参照。

(12) 同書、四四五頁。

(13) 水野弥穂子校注『正法眼蔵』(一)、岩波文庫、一九九〇年、一二九~一三〇頁。

(14) 『道元』(上)、「山水経」の巻、三三五頁参照。

(15) 同書、七六頁。

(16) 『正法眼蔵』(一)、一三九頁。

「尽十方界真実人体」は、玄沙師備《げんしゃしび》(八三五~九〇八)の言「尽十方界是箇真実人体」、圜悟克勤《えんごこくごん》(一〇六三~一一三五)の言「生死去来真実人体」を踏まえている。

(17) 同書、一三六頁。

(18) 「永平元禅師語録」、『道元禅師全集』第五巻、春秋社、一九八九年、五六~五七頁。

(19) 『道元』(上)、四一六頁、第三十六「阿羅漢」の巻。

(20) 森本和夫『正法眼蔵』読解5、ちくま学芸文庫、二〇〇四年、二五〇頁参照。

(21) 森本和夫『正法眼蔵』読解8、ちくま学芸文庫、二〇〇五年、三一六~三一七頁。

「汝得吾髄」は菩提達磨《だるま》(五世紀後半?~六世紀前半?)が、慧可《えか》(四八七~五九三)に嗣法《しほう》(法の継承)するに際し、授けたことばとされる。達磨が、弟子四人に、「所得」(修行によって得た境位)を問うたところ、それぞれ所見・所解を述べ、順に「汝得吾皮」、「汝得吾肉」、「汝得吾骨」のことばをあたえた。四人目の慧可は、三度礼拝し、ただ立つことによって呈した。「汝得吾髄」は、それにたいして達磨があたえたことば。慧可の礼拝と無言の姿勢が達磨にそのまま通じたということになり、それこそが「他心通」である。

以上については、第三八「葛藤」の巻において詳述されている。われわれが注目すべきは、この「皮肉骨髄」が段階的な証悟の浅深を示すという受け取り方が厳に退けられていることである。それぞれの言語表現ならびに立ち居振る舞いによる表現には差があるとしても、四名のために授けたことばは、「はじめより一等なり」ということである。「祖道は一等なりといへども、四解かならずしも一等にあるべきにあらず。四解たとひ片片なりとも、祖道はただ祖道なり」(『正法眼蔵』読解5、三四四頁)。達磨のことばの、皮・肉・骨・髄は同等なのである。

このことから、身体そのものについて、皮肉骨髄に浅深、優劣の差はなく「一等」であるという道元の考え方をうかがい知ることもできる。

(22)『道元』(上)、四〇九〜四一〇頁。
(23)同書、七九頁。
(24)同書、二七五頁。第二十二「全機」の巻。
(25)同書、三六頁。「生《しやう》の死になるといはざるは、仏法のさだまれるならひなり」。「死の生《しやう》にならざる、法輪のさだまれる仏転《ぶつてん》なり」。
(26)同書、三六頁。第一「現成公案」の巻。
(27)同書、二七七頁。
(28)同書、二七六頁。
(29)同書、二七六頁。
(30)森本和夫『正法眼蔵』読解1、ちくま学芸文庫、二〇〇三年、二九四頁。

(31)　父母未生已前や輪廻転生如何の仏教的議論もあるが、それは措いておく。「生死」に「二種七種のしなあれど、究尽するに、面々みな生死《しやうじ》なるゆへに恐怖《くふ》すべきにあらず」（『道元』（上）、七九頁）とあるように、いずれの種別も恐怖は斥けられる。われわれはここでは、凡夫、すなわち市井の普通の人々の生死を考えておいてよい。

(32)　『道元』（上）、七九頁。

(33)　同書、七七頁。

(34)　「尽大地・尽虚空、ともに生にもあり、死にもあり。しかあれども、一枚の尽大地、一枚の尽虚空を、生にも全機し、死にも全機するにはあらざるなり」。同書、二七六頁。

(35)　同書、二七五頁。

(36)　同書、二七五頁。

(37)　同書、八〇頁。

あとがき

筆者が縁あってポール・ヴィリリオの著作『電脳世界――最悪のシナリオへの対応』の翻訳にたずさわってから、二〇年以上経った。この書は二〇世紀末の一九九六年の出版で、翻訳書の刊行は一九九八年であった。ヴィリリオはサイバネティクスの電脳世界の前途に強い懸念を表明していて、その副題にあるように「最悪のシナリオ」を想定しつつ、それにたいする「レジスタンス運動家」の仕事をしていると言っていたが、さて、この二〇年余、どのようなシナリオで世界は推移したであろうか。

二〇世紀末のグレゴリオ暦のコンピュータシステム・プログラム問題は難なきをえたが、二〇〇一年九月一一日に米国で旅客機乗っ取り自爆攻撃による前代未聞の大惨劇が生じた。その後のアメリカ軍のアフガニスタン侵攻やイラク戦争（イラクの大量破壊兵器所有を主張した米英を中心とする有志連合が安保理の合意のないままイラクを攻撃したが、大量破壊兵器は見つからず、今日でもその情報操作が問題視されている）により、当地の局地戦や空襲による惨事、混乱、動揺は続いた。さらに二〇一〇年のチュニジアの〝ジャスミン革命〟に端を発した大衆の抗議運動は、エジプト、リビア、シリアなどの諸国に波及した。この政権打倒運動は、当該諸国で人口構成の膨らんでいる若者を中心とするモバイルによるサイバー・スペースの情報発信・受信なしでは、あのように展開されなかったであろう。周知のようにその混乱、混迷は現在も続き、シリアなど危機的な状況にある。イラク西部に発するIS（イスラム国）がイラクのみならずシリアにも一時はその支配地域を広げ、シリアはほとんど国家として崩壊し無秩序状態におちいった。そのため難民問題がヨーロッパに波及し、また二〇一五年のフランスやベルギーでの大量殺戮事件、さらに二〇一六年のダッカ、ニース、ミュンヘン等の大惨事など、事態はいっそう深刻の度合いを深めて今日にいたっている。

この二〇年余を見た場合、「最悪のシナリオ」で推移したかどうかは議論の余地もあろうが、二〇一一年の福島の原子力発電所の、まさに事故（accident）を思い起こせば、またとくに近年、世界各地で頻発する、電脳世界を経由して駆り立てられる大量殺戮事件の数々に思いいたせば、最悪の事態への道筋に限りなく近い状況にあることは間違いないと思われる。そして、この二〇余年間の大きな特徴は、モバイル機器の世界的なすさまじい普及である。今世紀に入って、スマートフォンも登場し、電脳機器、モバイル端末機器の発達、普及はまさに爆発的である。通信文のみならずその画像・音声・動画によるテレコミュニケーションは、見知らぬ者どうしを結びつけもするが、ヴァーチャルな情報を通じて拡散し、人々をリアルな行動に走らせることにもなる。そのとき、どれほど熟考し、よく判断することが、そのための材料を適切に得ることも含め、できているのだろう。

また、世界中いたるところに飛び交って現地の映像を遠隔＝ヴァーチャル映像として電送し、また遠隔爆撃もする無人飛行体ドローンも、軍事利用だけでは憚られるのか、一般にも実用化されようとしている。これが日常的に飛び交うことになれば、遠隔操作という、一般に目に見えない状況の本質が、はからずも視覚化されるという見方もできる。監視・遠隔操作の常態化した地球環境を逆説的に示すことになるのかもしれない。

さて、視点を変えて、身近なところから考えてみたい。日々の生活に追われながらこうして暮らしているこの混沌とした時代は、一体どうなっているのだろう、毎日のようにあれこれのニュースは飛びこみ、どうもまわりはいろいろ動いているらしいが、世の中の動向、結局よくわからないということはよくある。現在進行形の状況のなかでは五里霧中にあると言える。とは言え、時代の渦中にあるとよく見えてこないことも、五十年、百年経つと、ある程度霧が晴れて輪郭が見えることもある。今から百年前のことなら、ある程度、私たちにも見えてくる。一種の歴史の遠近法である。

そこで少し趣向を変えて、百年前の識者が同時代をどのように見ていたかを思い起こしてみよう。夏目漱石は百十余年前、小説『草枕』（一九〇六年）の末尾で、主人公の画工に文明について語らせている。九州の山奥の温泉から、逗留中の主人公を含めた一行が川を舟で下って、文字通り下界の鉄道の駅に着く。日露戦争へと出征していく青年・壮年を乗せる列車を見送る場面である。

愈《いよいよ》現実世界へ引きずり出された。汽車の見える所を現実世界と云う。汽車程二十世紀の文明を代表するものはあるまい。何百と云う人間を同じ箱に詰めて轟《ごう》と通る。情け容赦はない。詰め込まれた人間は皆同程度の速力で、同一の停車場《ステーション》へとまってそうして、同様に蒸滊《じょうき》の恩沢に浴さねばならぬ。人は汽車へ乗ると云う。余は積み込まれると云う。人は汽車で行くと云う、余は運搬されると云う。汽車程個性を軽蔑《けいべつ》したものはない。文明はあらゆる限りの手段をつくして、個性を発達せしめたる後、あらゆる限りの方法によってこの個性を踏み付け様とする。〔新潮文庫二〇〇五年改版より〕

百年ほど前の当時の文明について、「汽車」を「二十世紀の文明を代表するもの」と漱石は言っている。私たちも百年前にタイムスリップして、漱石の眼で見つめて、なるほどと想像してみよう。今日では、蒸気機関車は、観光地などを走るＳＬ列車として、むしろ牧歌的な、ノスタルジーのイメージを帯びることがおおかたであるが、このように、多数の旅客を缶詰にして遠方に車両で運搬する文明の利器・容器として出現していた。

余は汽車の猛烈に、見界《みさかい》なく、凡《すべ》ての人を貨物同様に心得て走る様を見る度に、客車のうちに閉じ籠《こ》められたる個人と、個人の個性に寸毫《すんごう》の注意をだに払わざるこの鉄車とを比較して、――あぶない、あぶない。気を付けねばあぶないと思う。〔同〕

主人公の画工は「あぶない、あぶない。気を付けねばあぶない」と言う。そこで、この漱石の文章をヒントに、〝二一世紀の文明を代表するもの〟は、漱石なら何であると考えただろうか、と問うてみたい。いろいろ考えられると思うが、漱石から百余年後の、二一世紀の最初の四半世紀ということなら、ケータイ、スマホ、タブレットなどのモバイル端末は、ここに当てはまるのではないかと思われる。他にも考えられるだろうが、私たちが街中を歩いているときに、二〇～三〇年前と明らかに違う、人々の挙動、所作の変化として挙げることができるからである。

以前、サイバー・ワールドに関係して、昨今の世相を見るにふさわしい記事が新聞に載っていた。辞書の『大辞泉』デジタル版が「あなたが考える言葉の意味を教えてください」の一般募集をおこない、その収録例のひとつとして【スマホ】が採用されていた。そこには、「【スマホ】我々を操っているもの。人間リモコン。」（『朝日新聞』二〇一六年四月三日・朝刊）とあった。スマホ（スマートフォン smartphone の略であること自体がほとんど忘れられているほど普及している）は、私たちがそれを操作するのではなく、私たちを操るものという意味が採用されている。「人間リモコン」という意味も付与されている。例えばテレビリモコンは、人がテレビをリモート・コントロール（遠隔操作）する機器である。それと同じように、人間リモコンは、だれかが人間をリモート・コントロールする機器ということだ。しかし、どこそこの社長や上司が、部下に機器を通じて指示をあたえ、走りまわらせて使いまわすというイメージではないだろう。その〝だれか〟こそ、「我々を操っているもの」であり、それがスマホ自体ということになろう。つまり、ヴァーチャル世界が、リアルな世界の人々の行動、ふるまい、所作、なべて人間を日常的に操っていることが、このように現在は世の中、津々浦々に実感されていることの証左となっている。

だれもが知っている身近な例は、〝ポケモンGO〟の騒動（二〇一六年七月以来）であろう。GPS機能の利用により現実空間を舞台として仮想現実であるポケモン（ポケットモンスター）が出現する。人々はスマホ片手に彼方此方のスポットに吸い寄せられる。筆者のよく行く公園にも週末にどっと繰り出していたし、今でもそれらしい振る舞いをする人たちを見かける。若者や親子連れがスマホ片手に興じている分には微笑ましくもあるが、夢中になりすぎていさかいや事故のないように願いたいと思ったものだ。ヴァーチャル空間の事象が現実空間にたいして優位にあることの明快な事例となろう。このようにモバイル機器の急速な普及は、いたるところで日常的にも非日常的にも不断に行動を急かされている私たち同時代人の所作、立ち居ふるまいを特徴づけるものと言える。そのような状況にあることを、人々が相応に自覚している、ということでもあろう。

このスマホの語義を漱石に倣って言えば、さしずめ「人は〝スマホは便利〟と云う。余は〝依存している〟と云う。人は〝スマホを使う〟という、余は〝スマホに操られている〟と云う。」ということになるだろうか。百年後の漱石ならば、当然ここでも「あぶない、あぶない。気を付けねばあぶない」と言うだろう。一見無関係であり資質も違いがあるが、このように文明にたいする距離のとりかた、批評的な態度については、漱石とヴィリリオは共通しているところがある。なんらかの危険を察知しようとする感受能力のようなものだろうか。

もちろん百年前も、ただ文明礼賛一辺倒ではない人々のなかにも、漱石とは異なる考えをもつ人も少なからずいただろう。それでも今日、漱石の批評的態度をひとつの見識として参照して、現在あるいは将来を考える道標のひとつにする価値はあるはずである。同様に、ヴィリリオの考え方、所見についても、いわゆる文系、理系を問わず、読者の方々の関心と交わる面も随所にあると思われる。本書では、ジュネーヴのCERNの大型加速器(『大型加速器』二〇一〇年)に少しだけ触れたが、このように現在進行中の宇宙物理学、宇宙論の展開と同時代に私たちが生存している以上、それらにたいする知的好奇心と批評的態度というべきものも私たちに求められるであろう。

そのほかにも、おそらく少し視界が開けるかもしれない時代の様変わりとして、スマホのほかにもたぶん徴候的な事例となりそうな、ディテールが目に見えるかたちで変化しているケースがある。テレビドラマは世相を映す鏡のひとつとみなされるが、ドラマのディテールに変化が見られる。単純化のため刑事ドラマを例にとるが、毎回のように、監視カメラの画像検索、解析がある。街中の人々の移動の(顔認証による)特定もあれば、高速道路などの通過自動車の同定もある。移動中の人物や車両のGPS(位置情報計測システム)による追跡もある。指紋照合は以前からあったが、DNA等の一致まで広がっている。このように、捜査そのものが詳細なデータ入力と膨大な集積データとの合致や関連情報のピックアップなど、ヴァーチャル次元での画像データの検索、照合作業が時間と労力の相当な部分を占め、それが捜査の実態となっている観を呈する。

もし決め手が、ヴァーチャル次元の照合作業のみになれば、また殺風景な室内でのそのような作業そのものを、映像として延々と見せられるとしたら、視聴者は退屈するだろう。三〇～四〇年前の、炎天下で刑事がハンカチで首筋をぬぐいつつ、聞き込みで回ったり、遺留物を探し足取りを追う姿は確かに映像として（『砂の器』のようにそれなりに）絵になるが、それに比べたら単調さは否めない。第一、光景に変化がない。ときに用いられる、照合の結果如何をペンディングにして（結果に驚くスタッフの表情とパソコンの背だけ見せて視聴者には明かさず、つまり宙づり＝サスペンス）、次のシーンに移るというテクニックも頻繁に使われると鼻につく。

もちろん、得体の知れない犯人Xの正体は？　だけでなく、ヴァーチャル世界での、得体の知れない発信者の正体は？　など、ヴァーチャルとリアルの差異、落差に、ドラマのおもしろさ、意外性を求めるかもしれず、そこに新たな展開の余地があるかもしれないが、結局おおかたは、過去の因縁（怨恨、愛憎、裏切り、不幸な偶然など）に動機を求めるケースが多いようだ。

こうしてみると、時代劇、西部劇はもとより、一九七〇～八〇年代のテレビドラマも、環境設定、条件などその時代の一定の様式《スタイル》のもとに成り立っていると思えてくる。五〇～六〇年代のヘンリー・フォンダやジョン・ウェインがスマホ片手に銃を操る姿はどう見ても想像しにくいが、当時の『太陽にほえろ！』や『探偵物語』にも似合わないだろう。そうなると、ファンタジーやSF、ホラーはその性格からしてヴァーチャル世界と相性が良さそうだが、さもなければ今日では刑事ものや探偵ものではなく、ハイテクのスパイアクションか、超能力ものや現代の忍者もののにするしかないかもしれない。さしずめトム・クルーズはその路線なのだろうが、またそこに製作者、脚本家の工夫や腕の見せどころがあるのだろうが、これらは、明らかに、前世紀半ばから今日にいたる、都市生活の変容の一端を映し出している。

ところで筆者が『電脳世界』を翻訳したころは、パソコンはワープロ入力が中心でまだインターネットはほとんど使っていなかったが、さすがにその後、Eメールや文書のダウンロード、送信、インターネットの情報検索などでパソコンを使用するようになった。使用せざるをえないほど社会が激変したと言うこともできる。スマホのすさまじい普及も年々、日々実感するところである。現在、旅行時には（位置情報は入れてないが）iPadも持参する。というのも、経験上これがないと、例えば海外で航空機の欠航のときに継続的な情報が入らないからである。だが、普段は外出時に通信の必要のために所持しなければならないケースで筆者が保有しているのは、いわゆるガラケーのみである。が、そうせざるをえないほど、この二〇年で公衆電話は駅前でも街中でも公共施設でも著しく減少し、都市の光景が様変わりしている。テレフォンカードとともにほとんど絶滅危惧種と言えるだろう。

ヴィリリオは、『トーチカの考古学』で、トーチカが墓所であり、石棺であると語っていた。おぞましさの忘却という時代のメタファーを纏いつつ、見捨てられた廃墟として大西洋を臨んで、まさに皮肉にも、海辺の墓地、墓所の体をなしているかのようであった。そこでは「海辺の墓地」の詩（ポール・ヴァレリー）のように、「生きねばならぬ」（Il faut tenter de vivre）の声もなかなか上げにくいかもしれない。筆者としてはそれでも、海辺で、日本海側、太平洋岸、あるいは海を越えて遠く行きあたったどこの浜辺でもよいが、空と海と地が接する波打ちぎわに立って、没する日を眺めながら、「風が立ち、浪が騒ぎ、無限の前に腕を振る。」（中原中也）と言ってみたい気持ちは今もある。

本書の刊行にあたっては、書肆心水の清藤洋氏に、ひとかたならぬお世話になった。はじめに構想をいだいてから相当の年月が過ぎ去ってしまい、試行錯誤を交えてだんだん目鼻立ちが整ってきたかに見えてからも、また先行きが遠のいたりして停滞し、文字通り、方向喪失の体たらくであったが、ここにようやく漕ぎつけた思いである。折に触れて頂戴した清藤氏の励ましと貴重な提言に心より感謝申し上げたい。

二〇一九年　七月末日

本間邦雄

ヴィリリオ主要著作一覧

（翻訳のないものについては、括弧内に仮の邦題を入れた）

Bunker Archéologie（トーチカの考古学）, éditions du CCI, 1975; nouvelle édition, Galilée, 2008.

L'Insécurité du territoire（テリトリーの不安（定））, éditions Stock, 1976; 2e édition, Galilée, 1993.

Vitesse et Politique, Galilée, 1977.『速度と政治』市田良彦訳、平凡社、一九八九年、平凡社ライブラリー、二〇〇一年。

Défense populaire et Luttes écologiques, Galilée, 1978.『民衆防衛とエコロジー闘争』河村一郎＋澤里岳史訳、月曜社、二〇〇七年。

Esthétique de la disparition（消失の美学）, éditions Balland, 1980.

Pure War, Semiotext(e)/Foreign Agents Series, 1983. ポール・ヴィリリオ＋シルヴェール・ロトランジェ『純粋戦争』細川周平訳、ユー・ピー・ユー、一九八七年。

L'Espace critique（臨界＝危機的空間）, éditions Christian Bourgois, 1984.

Logistique de la perception（Guerre et Cinéma, I）, éditions de l'Etoile – Cahier du Cinéma, 1984.『戦争と映画Ⅰ――知覚の兵站術』石井直志・千葉文夫訳、ユー・ピー・ユー、一九八八年。『戦争と映画』平凡社ライブラリー、一九九九年。

L'Horizon négatif, Galilée, 1984.『ネガティヴ・ホライズン』丸岡高弘訳、産業図書、二〇〇三年。
La Machine de vision（視覚機械）, Galilée, 1988.
L'Inertie polaire, éditions Christian Bourgois, 1990.『瞬間の君臨』土屋進訳、新評論、二〇〇三年。
L'Ecran du désert（砂漠のスクリーン）, Galilée, 1991.
L'Art du moteur, Galilée, 1993.『情報エネルギー化社会』土屋進訳、新評論、二〇〇二年。
La Vitesse de libération（(重力) 脱出の速度）, Galilée, 1995.
Cybermonde, la politique du pire, entretien avec Philippe Petit, éditions Textuel, 1996.『電脳世界――最悪のシナリオへの対応』本間邦雄訳、産業図書、一九九八年。
Un paysage d'événements（出来事の風景）, Galilée, 1996.
Voyage d'hiver（冬の旅）, entretien avec Marianne Brausch, éditions Parenthèses, 1997.
La Bombe informatique, Galilée, 1998.『情報化爆弾』丸岡高弘訳、産業図書、一九九九年。
Stratégie de la déception, Galilée, 1999.『幻滅への戦略』河村一郎訳、青土社、二〇〇〇年。
La Procédure silence（沈黙という手続き）, Galilée, 2000.
Ce qui arrive, Galilée, 2001.『自殺へ向かう世界』青山勝・多賀健太郎訳、ＮＴＴ出版、二〇〇三年。
Ce qui arrive（偶発すること）, Fondation Cartier pour l'art contemporain, 2002.
Crepuscular Dawn（Paul Virilio & Sylvère Lotringer）, Semiotext(e), 2002.『黄昏の夜明け』土屋進訳、新評論、二〇一九年。
Ville panique, Galilée, 2004.『パニック都市――メトロポリティクスとテロリズム』竹内孝宏訳、平凡社、二〇〇七年。

L'Accident originel, Galilée, 2005.『アクシデント　事故と文明』小林正巳訳、青土社、二〇〇六年。
L'Art à perte de vue（果てしない技法）, Galilée, 2005.
L'Université du désastre（災厄の大学）, Galilée, 2007.
Le Futurisme de l'instant（瞬間の未来主義）, Galilée, 2009.
L'Administration de la peur（恐怖の管理）, entretien mené par Bertrand Richard, éditions Textuel, 2010.
Le Grand Accélérateur（大型加速器）, Galilée, 2010.
La Pensée Exposée（展示される思考）, Fondation Cartier pour l'art contemporain, 2012.
Le littoral, la dernière frontière（沿岸、最後のフロンティア）, Sens&Tonka, 2013.

初出一覧

序　章　本書のための書き下ろし
第1章　『駿河台大学論叢』第四四号（二〇一二年七月）掲載の研究ノート「ポール・ヴィリリオ『ブンカー・アルケオロジー』についてのノート」を大幅に加筆修正
第2章　『駿河台大学論叢』第五七号（二〇一九年一月）掲載論文
第3章　本書のための書き下ろし
第4章　本書のための書き下ろし
第5章　『理想』第六七三号（二〇〇四年八月）掲載論文「時間の支配と差異化」を大幅に加筆修正
第6章　『駿河台大学論叢』第四七号（二〇一四年一月）掲載の研究ノート「ポール・ヴィリリオの“accident”に関するノート」を大幅に加筆修正
第7章　本書のための書き下ろし
第8章　本書のための書き下ろし
終　章　本書のための書き下ろし

著者紹介

1951年、新潟市に生まれる。京都大学工学部建築系学科卒業。東京大学文学部哲学専修課程卒業。パリ第八大学フランス政府給費留学。東京大学大学院人文科学研究科・比較文学比較文化博士課程単位取得満期退学。駿河台大学現代文化学部教授を経て、同大学名誉教授。著書に、『リオタール哲学の地平 ―― リビドー的身体から情動-文へ』(書肆心水、2009年)、共著に、『道元思想大系』第17巻(「説き起こされることば ―― 道元の思考」所収、同朋舎出版、1995年)、訳書に、バシュラール『火の詩学』(せりか書房、1990年)、リオタール『ハイデガーと「ユダヤ人」』(藤原書店、1992年)『リオタール寓話集』(藤原書店、1996年)、ヴィリリオ『電脳世界』(産業図書、1998年)、デリダ『言葉にのって』(共訳、ちくま学芸文庫、2001年)、デリダ/ドゥルーズ/リオタール/クロソウスキー『ニーチェは、今日?』(共訳、ちくま学芸文庫、2001年)がある。

時間とヴァーチャリティー
ポール・ヴィリリオと現代のテクノロジー・身体・環境

刊　行　2019年12月 ©
著　者　本間邦雄
刊行者　清藤　洋
刊行所　書肆心水

135-0016 東京都江東区東陽 6-2-27-1308
www.shoshi-shinsui.com
電話 03-6677-0101

ISBN978-4-906917-98-3 C0010

乱丁落丁本は恐縮ですが刊行所宛ご送付下さい
送料刊行所負担にて早急にお取り替え致します